썬스틸러의 인생 명대사

씬 스틸러의
인생 명대사

영화 명대사에서 찾은 내 인생의 한마디

강선주·김현수 지음
이단비 캘리그래피·일러스트

팬덤북스

프롤로그

여기서는
그들이
주인공이다

    영화가 지구상에 존재한다는 것은 인간에게 아주 큰 행운이다. 2시간 남짓한 시간 동안 우주로 여행을 떠날 수도 있고, 인생의 철학을 배울 수도 있으며, 다른 사람의 인생을 은밀히 엿볼 수도 있으니 말이다. 영화는 재밌으며, 감동적이고, 새로운 지식을 알려 주는 고마운 선물과도 같다.

    우리는 영화를 볼 때 주인공의 매력에 자주 매료된다. 그들은 모두 예쁘고 잘생겼으며 멋진 말과 행동으로 우리를 감동시킨다. 지구를 구하기 위해 자신들보다 강한 적들과 싸워 승리를

거두기도 하고, 사랑을 지키기 위해 가진 것을 다 버리는 희생을 보여 주는 등 예측할 수 없는 방법으로 우리의 마음을 움직인다. 그렇기 때문에 그들은 영화 속에서 주인공의 자리를 맡는다.

하지만 이 책에서만큼은 그들이 주인공이 아니다. 여기서는 주인공들보다 더 위대한 제2의 주인공들에 대해 이야기하고자 한다.

'내 인생의 오른팔.'

이것이 우리가 그들을 부르는 이름이다.

주인공 곁에는 늘 오른팔처럼 든든한 조력자가 항상 존재한다. 그들은 따뜻한 말로 주인공을 독려하기도 하고, 아픈 말로 상처를 주기도 하며, 때로는 말없이 존재감만으로 주인공들을 성장시킨다.

주인공들에게 이런 오른팔의 존재가 없었다면 그들은 절대 주인공이 되지 못했을 것이다.

자세히 들여다보면 우리의 인생에도 수많은 오른팔들이 존재한다. 그들이 있었기에 우리는 지금 이 순간, 이 자리에서 이 글을 읽을 수 있다. 이 책이 만들어지는 동안에도 우리에게 많은 오른팔들이 존재했다.

    묵묵히 응원해 준 가족들, 할 수 있다며 용기를 북돋워 준 친구들, 많은 가르침을 주신 스승님들, 오랜 시간 인내심을 가지고 기다려 준 출판사 관계자분들. 그리고 이 글을 쓸 수 있도록 영화를 만들어 주신 전 세계 영화 관계자분들이 바로 우리의 오른팔이다.

    모든 영화 속에 주인공을 빛나게 해 주는 오른팔이 있듯 우리들의 인생에도 그런 존재가 나타나기를 기대하며 이야기를 시작한다.

📽 프롤로그 여기서는 그들이 주인공이다 ········ 4

📽 지는 데도 기술이 필요하다 ········ 12
〈그렇게 아버지가 된다そして父になる, 2013〉

📽 내 인생의 리즈 시절 ········ 18
〈월터의 상상은 현실이 된다The Secret Life of Walter Mitty, 2013〉

📽 걱정을 해서 걱정이 없어지면 걱정이 없겠네! ········ 23
〈창문 넘어 도망친 100세 노인The 100 year old man who climbed out the window and disappeared, 2013〉

📽 진정한 친구 ········ 29
〈킹스 스피치The King's Speech, 2010〉

📽 젊어지는 묘약을 팝니다 ········ 34
〈더 울프 오브 월 스트리트The Wolf of Wall Street, 2013〉

📽 배려로서의 배려 ········ 40
〈중경삼림重慶森林, 1994〉

📽 불행한 진실과 행복한 거짓 ········ 45
〈그을린 사랑Incendies, 2010〉

📽 각자가 놓는 신의 한 수 ········ 49
〈신의 한 수, 2014〉

📽 나를 믿어 주는 힘 ········ 54
〈블랙스완Black Swan, 2010〉

📽 꿈에는 절대적인 것을 넘어서는 힘이 있다 ········ 59
〈가타카Gattaca, 1997〉

🎬 **버킷 리스트에 관한 생각** ········ 65
〈버킷 리스트-죽기 전에 꼭 하고 싶은 것들The Bucket List, 2007〉

🎬 **72억분의 1의 감정** ········ 70
〈물랑 루즈Moulin Rouge, 2001〉

🎬 **지금은 개성 시대** ········ 74
〈방자전, 2010〉

🎬 **공부는 지식이 아닌 인내심을 배우기 위해 하는 것이다** ········ 79
〈브이 포 벤데타V For Vendetta, 2005〉

🎬 **단점보다는 장점을 발견하는 능력** ········ 84
〈마지막 4중주A Late Quartet, 2012〉

🎬 **피노키오의 코가 점점 더 길어지기를 바라며** ········ 89
〈씨민과 나데르의 별거Jodaeiye Nader Az Simin, 2011〉

🎬 **좋은 사람이 된다는 것은** ········ 94
〈타인의 삶Das Leben Der Anderen, 2006〉

🎬 **잘나가는 친구의 SNS를 보고 상대적 박탈감을 느낀다면** ········ 99
〈블루 재스민Blue Jasmine, 2013〉

🎬 **외로움이라는 이름의 친구** ········ 105
〈벤자민 버튼의 시간은 거꾸로 간다The Curious Case Of Benjamin Button, 2008〉

🎬 **사랑에는 책임감이 따른다** ········ 110
〈매디슨 카운티의 다리The Bridges Of Madison County, 1995〉

🎬 카르페 디엠 Carpe Diem ········ 116
〈어바웃 타임 About Time, 2013〉

🎬 말은 하는 사람보다 듣는 사람이 더 오래 기억한다 ········ 121
〈올드보이, 2003〉

🎬 상처를 정확히 알아야 고통으로부터 자유로워질 수 있다 ········ 126
〈양들의 침묵 The Silence Of The Lambs, 1991〉

🎬 결혼'식'보다 중요한 것은 결혼 '생활' ········ 131
〈러브 어페어 Love Affair, 1994〉

🎬 눈에 보이지 않는 것을 믿어라 ········ 136
〈콘택트 Contact, 1997〉

🎬 행복을 만드는 노력 ········ 141
〈행복을 찾아서 The Pursuit of Happyness, 2006〉

🎬 진짜보다 더 진짜 같은 가짜 ········ 146
〈광해, 왕이 된 남자, 2012〉

🎬 재능이 없는 사람은 없다 ········ 151
〈한 번 더 해피엔딩 The Rewrite, 2014〉

🎬 당신이 열심히 하지 않는 이유 ········ 156
〈악마는 프라다를 입는다 The Devil Wears Prada, 2006〉

🎬 인생은 내가 생각하는 대로 흘러간다 ········ 161
〈먹고 기도하고 사랑하라 Eat Pray Love, 2010〉

🎬 천적이 있어야 더 강해질 수 있다 ········ 166
〈라이프 오브 파이Life of Pi, 2012〉

🎬 백 점의 기술 ········ 172
〈터미널The Terminal, 2004〉

🎬 낡은 것이 주는 편안함 ········ 178
〈우리도 사랑일까Take This Waltz, 2011〉

🎬 포기하지만 않는다면 꿈은 반드시 이루어진다 ········ 183
〈안녕, 헤이즐The Fault in Our Stars, 2014〉

🎬 멘토는 가까운 곳에도 있다 ········ 188
〈그 여자 작사 그 남자 작곡Music And Lyrics, 2007〉

🎬 목적지에 도착하는 것보다 중요한 것은 과정이다 ········ 193
〈업Up, 2009〉

🎬 긍정보다 중요한 것은 진심 ········ 198
〈예스 맨Yes Man, 2008〉

🎬 인공 지능보다 완벽한 나 ········ 203
〈그녀Her, 2013〉

🎬 세상과 대면하는 용기 ········ 209
〈리얼 스틸Real Steel, 2011〉

🎬 인생이라는 쇼의 주인공이 되는 방법 ········ 215
〈반칙왕, 2000〉

원근법의 비밀 ········ 220
〈나를 찾아줘Gone Girl, 2014〉

내가 공부를 못했던 이유 ········ 225
〈세 얼간이3 Idiots, 2009〉

악으로 깡으로 버텨 낸 채찍질 ········ 230
〈위플래쉬Whiplash, 2014〉

특별한 거짓말의 마법 ········ 235
〈빅 피쉬Big Fish, 2003〉

손목에 인생을 담아서 다닐 수 있다면 ········ 240
〈인 타임In Time, 2011〉

스스로에게 새기는 주홍글씨 ········ 245
〈소셜 네트워크The Social Network, 2010〉

실패 없이 사랑할 수 있는 이름, 가족 ········ 250
〈미스 리틀 선샤인 Little Miss Sunshine, 2006〉

누구나 가능한 시간 여행 ········ 256
〈쇼생크 탈출The Shawshank Redemption, 1994〉

기억에 대한 기억 ········ 261
〈러브레터Love Letter, 1995〉

여행은 몸으로 하는 독서다 ········ 266
〈델마와 루이스Thelma & Louise, 1991〉

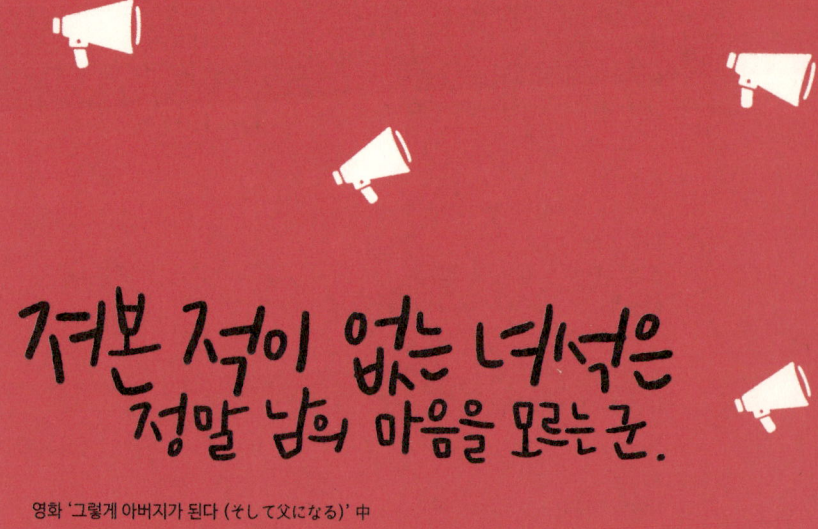

져본 적이 없는 녀석은
정말 남의 마음을 모르는군.

영화 '그렇게 아버지가 된다 (そして父になる)' 中

지는 데도
기술이
필요하다

〈그렇게 아버지가 된다そして父になる, 2013〉
감독 고레에다 히로카즈
출연 후쿠야마 마사하루, 릴리 프랭키, 오노 마치코, 마키 요코

"지금 우리나라 야구에서 가장 부족한 것이 뭔지 아는가? 못할 때 창피함이 없다는 것이다."

야구의 신으로 불리는 한화 이글스 김성근 감독의 말이다. 실패에 투쟁하지 않고, 실패를 실패로 받아들이지 않는 선수들에게 일침을 가한 것이다.

이는 비단 야구 선수들에게만 해당되는 말이 아니다. 우리 또한 창피를 면하기 위해 실패를 외면하고 있던 것은 아니었을까. 실패했을 때의 슬픔이나 좌절감으로부터 도망치고 싶은

나. 그렇다면 과연 실패가 그렇게 나쁜 것일까?

"져 본 적이 없는 녀석은 정말 남의 마음을 모르는군."

  병원 측의 실수로 아이가 뒤바뀌게 되고 그렇게 7년이라는 시간이 흐른 뒤, 주인공 료타는 자신의 친아들을 만나게 된다. 자신이 키운 아들 케이타도, 생물학적 아들 류세이도 모두 포기할 수 없는 료타.

  결국, 그는 류세이를 키운 아버지 유다이에게 보상을 할 테니 아이 둘 모두 자신에게 맡기라고 말한다. 이 대사는 그때 유다이가 료타의 볼기짝을 때리며 한 말이다.

  료타는 앞만 보고 달리는 경주마 같은 사람이다. 지는 것을 무엇보다 싫어한다. 그러니 그의 눈에 지방에서 작은 철물점을 운영하며 하루하루를 의미 없이 보내는 유다이는 패배자일 수밖에. 거기다 자꾸만 병원 측에 보상금 이야기를 하고 있으니…… 료타는 그런 유다이가 한심하기만 하다.

  료타는 그런 패배자의 손에 자기 아들들을 맡길 수 없었다.

그러면서 자신은 두 아들에게 완벽한 아버지가 될 수 있을 것이라 굳게 믿었다.

하지만 결과는 참패였다. 유다이의 집으로 보낸 케이타는 료타를 다시 보고 싶어 하지 않았고, 유다이의 집에서 데리고 온 류세이는 다시 유다이의 집으로 돌아가고 싶어 했다. 그렇게 무시하던 유다이에게 료타가 진 것이다. 결국, 료타는 그 누구에게도 아버지가 되지 못했다.

사실, 료타가 단 한 번도 실패를 맛보지 않은 것은 아니었다. 다만 실패가 두렵고 창피해서 외면하고 있었을 뿐이다. 우리처럼 말이다.

우리는 실패를 두려워한다. 실패가 두려워 시도조차 하지 않는 일 투성이며, 서툰 것을 들킬까 노심초사하며 인터넷 검색에 열을 올리기 일쑤이다. 그 결과, 이제 현대 사회에 모험가는 존재하지 않게 되었다. 대신 제자리에서 세상일을 모두 들여다보는 천리안들이 생겨났다.

처음은 늘 서툴다. 수없이 엉덩방아를 찧어야지만 두 다리로 설 수 있는 것처럼, 수없이 넘어져 봐야 자전거를 타고 달릴 수 있는 것처럼 말이다. 이처럼 '실패'는 우리에게 많은 것

을 알려 준다.

언젠가부터 우리는 실패하지 않고 성공하기를 꿈꾸는 몽상가가 되어 버렸다. 성공한 현자들이 적어 놓은 명언을 보며 초고속 성공을 꿈꾸고, 남들이 가지 말라는 길은 굳이 가려 하지 않는다. 타인이 옳다고 하는 것을 좇으며 편안함만 추구한다. 그렇게 우리는 실패 없는 인생의 안락함을 즐긴다. 그것들은 마치 우리를 성공으로 이끌어 줄 것 같고, 패배감에 젖지 않게 도와줄 것만 같다. 그렇다면 정말이지 실패 없는 성공이 있을 수 있을까.

료타 역시 그랬다. 그는 늘 승자였다. 아니, 승자이기를 추구했다. 그는 실패를 무시하고 지나쳐서 그로 인해 깨닫게 되는 많은 것들을 놓쳤다. 인생에서 중요하지 않다며 치부하고 무시해 버린 감정들 때문에 진정한 아버지가 되지 못했다.

진정한 아버지란 아들이 잘하도록 강요하는 것이 아닌 그들의 실패를 격려하고 지켜봐 주는 사람임을 그는 알지 못했다. 결국, 그가 실패한 낙오자라 여긴 유다이가 진정한 아버지였고 승자였다.

료타는 패배를 통해 인생을 깨닫게 되었다. 그리고 그렇게 아버지가 되었다. 료타에게 실패의 소중함을 일깨워 준 유다이야말로 그의 진정한 오른팔이 아니었을까.

우리의 삶도 마찬가지다. 진정한 실패를 맛보게 되는 순간, 진짜 인생과 마주하게 될 것이다. 그리고 그렇게 '나'를 찾게 될 것이다.

가끔 안 찍을 때도 있어.
정말 멋진 순간을, 나를 위해서.
이 순간을 망치고 싶지 않아. 그냥 이 순간에 머물 뿐이지. 바로 이 순간에.

영화 '월터의 상상은 현실이 된다 (The Secret Life of Walter Mitty)' 中

내
인생의
리즈 시절

〈월터의 상상은 현실이 된다 The Secret Life of Walter Mitty, 2013〉
감독 벤 스틸러
출연 벤 스틸러, 크리스틴 위그, 숀 펜

가끔 사람들에게 이런 질문을 받을 때가 있다.

"당신의 리즈 시절은 언제였나요?"

'리즈 시절'이라는 단어는 영국의 축구 선수 앨런 스미스Alan Smith가 과거 뛰어난 활약을 펼쳤던 리즈 유나이티드 선수 시절을 가리키는 말이다. 그러니 이 질문을 우리 삶에 적용하면 인생의 전성기가 언제였는지 묻는 것이 된다. 그렇다면 다시 질문. 우리 인생의 리즈 시절은 과연 언제였을까?

"가끔 안 찍을 때도 있어. 정말 멋진 순간을, 나를 위해서. 이 순간을 망치고 싶지 않아. 그냥 이 순간에 머물 뿐이지. 바로 이 순간에."

월터는 어린 나이에 아버지를 여의고 어머니와 여동생을 돌보며 〈라이프〉라는 잡지 회사에서 필름 현상하는 일을 하고 있다.

좋아하는 여자가 있어도 선뜻 고백하지 못하고, 늘 혼자만의 공상에 빠져 있기 일쑤인 소극적인 월터. 그런 그가 사진작가 숀을 찾기 위해, 사진을 찾기 위해 모험을 떠난다. 그러면서 많은 것을 느끼고 자신의 삶을 되돌아보는 계기를 갖게 된다.

월터가 숀을 만난 곳은 히말라야 꼭대기였다. 숀은 눈표범을 찍기 위해 추위 속에서 한참을 기다리고 있었다. 그리고 마침내 긴 기다림 끝에 카메라 앵글 속에 눈표범이 나타났을 때였다. 숀은 셔터를 누르기는커녕 눈표범을 그저 바라보기만 했다.

그 광경을 지켜본 월터는 숀에게 왜 셔터를 누르지 않느냐고 물었다. 이 대사는 그때 숀이 월터에게 한 말이다.

    모험을 떠나기 전, 누군가 인생의 리즈 시절이 언제였냐고 물었다면 그는 아마 쉽게 대답하지 못했을 것이다. 그에게 소비는 희생이었고, 여행은 사치였다. 더 나은 미래를 꿈꾸며 일에만 매달렸지만, 현실은 세상의 속도를 따라가지 못해 사라질 위기에 놓인 회사뿐이었다. 그의 진정한 삶은 늘 상상 속에만 존재했다.

    하지만 모험을 시작하고 난 뒤, 그는 매 순간 인생 최고의 리즈 시절이라고 부를 만큼 많은 깨달음을 얻는 시간을 보내게 된다. 그의 상상이 드디어 현실이 된 것이다. 그러면서 모험을 통해 인생의 새로운 2막을 시작하게 된다.

    만약 월터에게 인생의 리즈 시절을 물어보면 그는 뭐라고 대답할까? 과연 어느 순간을 최고의 전성기로 꼽을까. 숀을 찾기 위해 여행을 떠난 순간을 인생 최고의 리즈 시절로 꼽을까?

    아닐 것이다. 아마 그는 인생 최고의 리즈 시절은 아직 오지 않았다고 대답할 것이다. 이제 막 시작된 인생의 2막이 더 설레고 앞으로 펼쳐질 날들이 기대될 테니.

    당신의 리즈 시절은 언제였는가? 아직 오지 않은 것 같다면 지금 이 순간, 자신을 위해 최선을 다한다면 앞으로 펼쳐질 하루하루가 당신 인생 최고의 리즈 시절이 되지 않을까.

월터처럼 매 순간순간 자신을 위해 머물고 인생을 즐긴다면
인생Life이라는 잡지의 표지에 당신의 얼굴이 장식될 것이다.

너무 걱정하지마,
아빠는 생각만 많아서 사는게 힘들었잖니.
괜히 고민해봤자
도움이 안 돼. 어차피 일어날 일은 일어나고
세상은 살아가게 되어 있어.

영화 '창문 넘어 도망친 100세 노인 (The 100 year old man who climbed out the window and disappeared)' 中

걱정을 해서
걱정이 없어지면
걱정이 없겠네!

〈창문 넘어 도망친 100세 노인 The 100 year old man who climbed out the window and disappeared, 2013〉
감독 펠렉스 할그렌
출연 로버트 구스타프슨, 이와 위클란더, 데이비드 위버그, 미아 스케링거

중국 기杞나라에 매일 하늘이 무너지고 땅이 꺼지면 어디로 도망쳐야 하는지 고민하느라 식음을 전폐한 사람이 있었다. 그는 실제로 벌어지지 않은 일들을 걱정하느라 일생을 낭비했다. 이렇게 일어나지도 않은 일에 쓸데없는 걱정을 하는 사람을 가리켜 기인지우杞人之憂, 줄여서 기우杞憂라고 칭한다.

"너무 걱정하지 마, 아빠는 생각만 많아서 사는 게 힘들었잖니. 괜히 고민해 봤자 도

움이 안 돼. 어차피 일어날 일은 일어나고 세상은 살아가게 돼 있어."

이 영화는 제목처럼 100세 노인 알란이 창문을 넘어 도망치면서 시작된다. 아끼는 고양이가 여우에게 물려 죽자 화가 난 그는 폭탄을 만들어 여우에게 복수한다. 그 일로 그는 양로원에 갇히게 된다. 양로원이 갑갑하기만 했던 그는 창문을 넘어 탈출하고 이후 좌충우돌 골 때리는 모험을 겪게 된다.

사실, 알란의 인생은 참으로 파란만장했다. 우연히 원자 폭탄 제조 프로젝트에 참여하게 되어 엉뚱한 발상으로 사람들을 놀라게 하며 물리학자가 되었고, 그 일로 엄청난 인맥을 갖게 되었으며, 자신도 모르는 사이 미국과 러시아를 오가는 이중 스파이가 되어 세상을 움직였다.

그렇다고 알란에게 대단히 뛰어난 능력이 있던 것은 아니었다. 머리가 월등히 좋은 것도 아니었다. 다른 꿍꿍이를 가질 만큼 영리하지도 못했다. 다만 그에게는 기우가 없을 뿐이었다. 그의 이런 천하 태평함은 어머니로부터 비롯되었다.

앞의 대사는 특이했던 아버지를 독특하게 여의고 어머니마

저 알란의 곁을 떠날 때 어머니가 남긴 말이다.

이 영화를 보고 있으면 자꾸만 터져 나오는 실소에 입을 틀어막게 된다. 시체를 바닥에 떨어뜨리고는 '이럴 땐 죽은 게 좋아, 안 아프잖아'라며 천연덕스럽게 말하고, 살인을 저지르고 도망가는 와중에 진로를 고민하는 청년에게 '배우는 게 남는 거지, 치매 오기 전에 열심히 하라'며 인생의 뜻깊은 조언을 하니 말이다. 거기에 누구도 알아서는 안 될 살인과 돈 가방에 대한 비밀을 술술 이야기해 주기까지 한다. 고민, 걱정만 없는 것이 아니라 생각까지 없는 듯 보인다.

사실, 알란은 그저 어머니의 마지막 유언에 따라 충실하게 살아가고 있을 뿐이었다. 눈앞에 펼쳐지는 일들에 순응하며 세상의 흐름에 몸을 맡긴 채 100년의 인생을 살다 보니 자연스럽게 영웅이 되어 있었다.

우리는 가끔 생각이 너무 많아 탈이 나고는 한다. 흔한 예로 가위바위보를 할 때만 해도 그렇다. 상대가 주먹을 낼 것이라고 미리 패를 보이면 그때부터 우리의 뇌는 바쁘게 움직인다. '상대가 한 말이 진실일까? 그럼 내가 내야 하는 것은 보자기일까?' '아니야, 날 속이기 위해 일부러 거짓말하고 있는 것일지도

몰라. 그런 다음 내가 보자기를 낸다고 예상하고 가위를 낼지도 몰라. 그러면 나는 주먹을 내야 이길 수 있어.'

'하지만 정말 진실을 이야기하고 있는 거라면 어쩌지……?'

이처럼 생각의 생각이 꼬리를 물고 이어지다 보면 애초에 무슨 생각을 했는지조차 모호해진다. 이기고 말겠다는 욕심이 자기 생각뿐 아니라 상대의 생각까지 비꼬아 머릿속을 복잡하게 만들어 버린다.

알란은 자신의 성공을 이루기 위해 무리한 욕심을 부리지 않았고 타인을 바라보는 시선에도 한 치의 삐뚤어짐이 없었다. 그렇기에 쓸데없는 걱정을 하지 않고 행복하게 살 수 있었다.

알란은 이런 말을 한다.

"인생이 어떻게 펼쳐질지 알 방법은 없다. 인생사 한 치 앞도 모르니까."

만약 당신에게 미래를 알 수 있는 능력이 있다면 정부 비밀 기지에 끌려가 어떤 실험을 당하게 될지도 모른다. 그렇게 생각하니 한 치 앞도 모른다는 사실이 갑자기 행복하게 느껴지지 않는가? 이처럼 한 치 앞도 모르는 것이 우리들의 인생이니 너무 많은 걱정과 끊임없는 생각으로 자신을 괴롭히지 말자.

기우는 우리의 정신 건강에 무척 해로우니까.

당신은

생각할 때도

말을 더듬나요?

영화 '킹스 스피치 (The King's Speech)' 中

진정한 친구

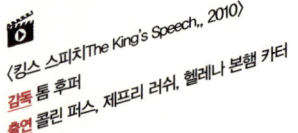

〈킹스 스피치The King's Speech,, 2010〉
감독 톰 후퍼
출연 콜린 퍼스, 제프리 러쉬, 헬레나 본햄 카터

타생지연他生之緣이라는 사자성어가 있다. 옷깃만 스쳐도 인연이라는 뜻이다. 불교에서는 길에서 낯선 이와 소매를 스치기만 해도 과거에 깊은 인연이 있었다고 믿었다.

이처럼 옷깃만 스쳐도 인연이라는데 하물며 나와 같은 공간에서 함께 시간을 보내고, 생각을 공유하는 친구는 전생에 얼마나 깊은 인연이었던 것일까.

"당신은 생각할 때도 말을 더듬나요?"

　왕족은 매 순간 품위 있는 행동과 자신감 넘치는 모습을 보여야 하며 안정적인 연설을 통해 국민에게 마음의 안정을 줄 의무가 있다.

　하지만 영국의 조지 5세의 차남 요크 공작은 왕족으로서 치명적인 결함이 있었다. 그것은 바로 무대 공포증. 그는 사람들 앞에 서거나 긴장을 하게 되면 여지없이 말을 더듬었다. 그러던 중 아내의 권유로 괴짜 언어 치료사 라이오넬을 찾아가게 된다.

　하지만 그는 이내 화를 내고 다시 돌아오게 된다. 라이오넬의 치료는 엉뚱했고 그런 말도 안 되는 방법으로는 자신의 말더듬는 버릇을 고칠 수 없다고 생각했기 때문이다. 앞의 대사는 그때 라이오넬이 요크 공작에게 한 말이다.

　생각할 때도 말을 더듬는 사람은 세상에 없을 것이다. 요크 공작도 마찬가지였다. 생각할 때는 물론 혼잣말을 할 때도 말을 더듬지 않았다. 그렇다면 그는 무엇이 부족해 사람들 앞에서 늘 말을 더듬었던 것일까. 언변? 자신감? 용기? 어쩌면 요크 공작에게 필요했던 것은 생각을 공유할 수 있는 진정한 친구가 아니었을까.

　사람들은 누구나 '장애'를 가지고 있다. 어릴 적 나쁜 기억

으로 트라우마를 갖고 있기도 하고, 특정 상황을 마주하게 되면 과도한 반응을 보이기도 한다. 이것들 또한 일종의 마음의 장애이다.

요크 공작 역시 마찬가지였다. 왕족으로서의 품위를 지키고, 언제나 바르게 행동하며 24시간 내내 타인에게 노출되는 삶이 그에게는 어마어마한 압박으로 작용했을 것이다.

라이오넬은 늘 고독하고 지쳐 있는 요크 공작에게 의사와 환자가 아닌 마음을 터놓고 서로를 보듬어 주는 친구가 돼 주었다. 둘은 치료 과정에서 아버지에 대한 이야기, 형에 대한 분노, 슬픈 기억, 자신의 거짓말 등 사소한 이야기들을 나누며 화를 내기도 하고 싸우기도 했다. 평범한 친구처럼 말이다. 둘은 친구였기에 서로를 할퀴고 물어뜯다가도 금방 화해의 손길을 내밀 수 있었다.

그렇게 라이오넬은 '우정'이라는 이름으로 요크 공작의 말더듬는 습관을 고쳐 주었고, 요크 공작은 '우정'이라는 이름으로 라이오넬의 거짓을 용서했다. 그들은 우정이라는 이름의 진실한 치유를 주고받았다.

둘에게는 많은 말이 필요하지 않았다. 둘 사이에는 말을 뛰

어넘는 생각이 공유되었기에 말 더듬는 습관 따위는 우정에 전혀 걸림돌이 되지 않았다.

이 영화를 보고 나면 그동안 주변의 소중한 인연들에게 소홀했던 것은 아닌지 되돌아보게 된다. 부족한 생각에 귀 기울여 주고 공감해 주는 친구야말로 지금의 나를 있게 해 준 소중한 인연일 텐데 말이다.

바쁜 일상 탓에 연락이 뜸했던 친구가 있다면 주저 말고 다가가 먼저 손 내밀어 보자. 지난날의 일들을 굳이 다 말하지 않아도 그들은 우리가 지금 무슨 생각을 하는지 이미 다 알고 있을 것이다.

위험은 우릴 젊게 만든단다.
안 그러니??

영화 '더 울프 오브 월 스트리트 (The Wolf of Wall Street)' 中

젊어지는 묘약을 팝니다

〈더 울프 오브 월 스트리트 The Wolf of Wall Street, 2013〉
감독 마틴 스콜세지
출연 레오나르도 디카프리오, 조나 힐, 매튜 맥커너히

건강과 젊음은 인생을 살아가는 데 절대 놓치고 싶지 않은 중요한 요소이다. 돈, 명예, 여자 등 남부러울 것 없던 진나라의 진시황제 역시 건강과 젊음을 유지하기 위해 죽기 전까지 불로초를 찾아 헤맸으니 말이다.

가끔 나이가 믿기지 않을 정도로 젊어 보이는 사람들이 있다. 옷을 잘 입어서일까? 화장을 잘해서일까? 혹시 철이 안 들어서 그런 것은 아닐까? 각종 추측들이 난무하는 가운데 우리의 인생을 젊게 만드는 진짜 비결이 무엇인지 몹시 궁금해진다.

"위험은 우릴 젊게 만든단다. 안 그러니?"

진시황만큼이나 돈, 여자, 약을 좋아하는 인물이 있다. 바로 월스트리트의 조던이다. 백만장자가 되고 싶다는 막연한 꿈을 현실로 만들어 낸 주식 중개인인 그는 이미 차고 넘칠 정도로 많은 돈을 가지고 있었지만, 늘 부족하다고 느낀다. 그래서 더 많은 돈을 빼돌리기 위해 아내의 나이 든 이모 엠마에게 스위스 은행의 차명 계좌를 부탁한다. 이 대사는 조던의 은밀한 제안을 받은 엠마가 그에게 하는 말이다.

60년 넘게 인생을 살아온 엠마 이모에게는 자신의 경험으로 얻은 깨달음이 있었다. 바로 위험이 우리의 삶을 젊게 만든다는 것이었다.

위험이 우리를 젊게 만든다니, 이 무슨 말도 안 되는 논리냐며 되물을 수도 있다. 지금 우리가 안전한 삶을 위해 얼마나 많은 노력을 하며 살아가고 있는데…… 위험을 자초해야만 젊어질 수 있다니!

지금껏 우리는 수없이 많은 규범과 안전망 속에서 살아가는 것이 행복한 삶이라고 교육받아 왔다. 그래서일까. 위험은

피하고, 고난은 되도록 겪지 않으며 사는 것이 질 높은 삶이라 여기게 됐다.

어쩌다 우리가 힘든 길을 가려 하면 인생 선배들은 쓴소리를 아끼지 않으며 남들처럼 살기를, 남들이 가는 길을 따라가기를 권한다. 우리가 가려는 길의 어려움을 먼저 겪어 봤기에, 그런 시행착오를 겪지 않고 빠르게 행복해지기를 바라는 마음에 조언을 아끼지 않는다.

하지만 그들에게 그런 인생의 시행착오가 없었다면 지금의 깨달음도 없지 않았을까.

엠마 이모가 말하는 '위험'은 불구덩이에 기름을 붓고 뛰어들어가거나 튜브 없이 바다에 들어가라는 의미가 아니다. 여기서 위험은 인생의 도전을 말한다. 남녀노소를 불문하고 인생에 있어 도전이 아름답다는 것은 우리 모두 잘 알고 있다.

모두가 늦었다고 말할 때 일을 저질러 성과를 냈을 때의 뿌듯함, 할 수 없다고 한 일을 해냈을 때의 짜릿함은 느껴 보지 못한 사람은 절대로 모를 것이다. 이런 감정들이 바로 위험을 무릅써야지만 얻을 수 있는 젊음의 기운이다.

실제로 전 세계를 누비는 탐험가들은 굉장히 젊다. 그들은

　편안하게 지낼 수 있는 일상에서 벗어나 새로운 땅을 여행하고, 그곳에서 삶의 에너지를 얻는다. 편안함에서 오는 안락함은 없겠지만, 그들은 늘 밝고 긍정적이며 건강하다. 젊은 인생을 살아가고 있다.

　주위를 둘러봐도 그렇다. 새로운 일에 도전하기를 좋아하며 인생을 활기차게 즐기는 사람들을 보면 동안인 경우가 많다. 외모가 타고난 것일 수도 있지만 그보다는 생각이 유연하기에, 일상이 아닌 새로운 도전에서 삶의 에너지를 얻기에 젊음을 유지할 수 있는 것은 아닐까.

　물론, 이런 위험을 즐기며 사는 인생이 마냥 평탄하기란 어려울 것이다. 고정적인 수입이 없어 경제적으로 어려울 수도 있고, 남들 눈에는 미래를 생각하지 않는 무모하고 한심한 인생처럼 보일 수도 있다. 〈개미와 베짱이〉의 베짱이처럼 말이다. 이 우화를 현실에 적용해 보면 베짱이의 삶은 노후 따위는 생각하지 않고 풍류만 즐기는 사람에 가까울 것이다.

　하지만 분명한 것은 베짱이는 개미보다 젊은 생각을 가지고 있었다. 자신의 인생을 즐길 줄 아는 젊음의 묘약이 베짱이에게는 있었다.

　다시 영화로 돌아가면 젊어지고 싶어 무모한 도전을 일삼았던 조던은 결국 철창신세를 지게 되었다. 하지만 그 과정에서 친구를 얻었고, 사랑을 배웠으며, 세상을 알게 되었다. 그 덕에 그는 세일즈의 대명사로 떠올랐고 자신이 도전했던 위험을 사람들에게 강의하며 새로운 젊음을 개척해 나가게 되었다.

또 설레드??
매일 질리지도 않아?
우리는 늘 찾던 것만 찾는군.
골라서 선택하게 해봐. 그럼 좋아하는 것이 뭔지 말해줄거야

영화 '중경삼림 (重慶森林)' 中

배려로서의
배려

〈중경삼림重慶森林, 1994〉
감독 왕가위
출연 임청하, 양조위, 금성무, 왕페이

    누군가를 사랑하게 되면 그 사람에게 잘해 주고 싶다. 그래서 상대방이 요구하기도 전에 자신의 기호를 버리고 상대의 기호에 맞추려 노력한다. 사랑한다는 이유로 조건 없이 배려하고 자신을 희생한다.

    흔히 사랑은 호르몬에 의한 화학 작용으로 유효 기한이 존재한다고 말한다. 정말 그래서인지 시간이 지나면 거짓말처럼 눈에 콩깍지가 벗겨지고, 조건 없이 상대를 배려하고 사랑하던 것에 보상을 받고 싶어진다.

그렇다고 이런 배려에 뒤늦게 보상을 요구한다면 상대는 또 얼마나 당혹스러울까.

"또 샐러드? 매일 질리지도 않아? 뭐든 늘 찾던 것만 찾는군. 골라서 선택하게 해 봐. 그럼 좋아하는 것이 뭔지 말해 줄 거야."

이 대사는 작은 식당을 운영하는 주인이 여자 친구에게 매일 똑같은 메뉴를 사다 주는 경찰 633에게 다른 메뉴를 사다 줄 것을 권하며 한 말이다.

그동안 경찰 633은 여자 친구에게 샐러드 외에 다른 음식을 사다 주어야겠다고 생각하지 못했다. 그러다 식당 주인의 조언을 듣고 샐러드가 아닌 다른 음식을 사다 주기로 결심한다.

경찰 633은 자신의 여자 친구가 샐러드를 좋아하는지, 감자 칩을 좋아하는지, 피자를 좋아하는지 알지 못했다. 그녀가 단한 번도 무엇을 좋아하는지 말해 주지 않았기 때문이다. 경찰 633은 그저 여자 친구가 샐러드를 싫어한다고 말하지 않았기에 그것만 사다 준 것이다.

 그렇다면 그녀는 왜 자신이 좋아하는 음식에 대해 말해 주지 않은 것일까. 좋아하는 음식을 정확히 알려 주었더라면 매번 더 맛있는 음식을 먹을 수 있었을 텐데 말이다. 혹시 매일 샐러드를 먹는 남자 친구가 샐러드를 아주 좋아한다고 생각해 그의 기호에 맞춰 주려던 것은 아니었을까.

 흔히 하는 말 중에 '내 마음 같지 않다'라는 말이 있다. 우리는 모두 다른 환경, 상황 속에서 살고 있다. 나와 똑같은 상황과 환경 속에서 살아 본 사람은 단 한 명도 없다.

 그럼에도 우리는 타인이 나의 마음을 온전히 다 알아주기를 바란다. 다른 사람이 나의 마음을 몰라주는 것만큼이나 나역시 다른 사람들의 마음을 다 이해하지 못하는데 말이다. 그렇다면 내 마음을 다 알아주길 바라는 이 생각 자체가 나의 이기심은 아닐까.

 '내가 이렇게나 많이 너를 사랑한다', '이렇게나 많이 너를 배려한다'는 것을 상대가 알아주길 바라는 순간, 이들의 관계는 행복이 아닌 위기를 향해 간다. 상대도 나처럼 많은 배려와 사랑을 주고 있었을 테니 말이다.

 배려는 세상을 살아가는 데 아주 중요한 덕목으로 긍정적

인 측면이 더 많다. 이때, 중요한 것은 배려의 본질이다. 배려는 배려로써 존재해야 한다. 배려를 넘어 희생이 되고, 그 희생을 상대방이 알아주길 바라는 지경에 이른다면 그것은 더 이상 배려가 아니다.

나의 배려가 희생이라고 여겨진다면 상대에게 내 마음을 전해 보면 어떨까. 내가 당신을 사랑하기에 이런 배려를 하고 있다고 말이다. 그러면 상대는 자신이 얼마나 사랑받고 있는지 깨달을 것이고, 나 역시 '배려에 대한 배려'를 받게 될 것이다.

때로는 말이야
모르는 게 더
나을 때도 있어

영화 '그을린 사랑 (Incendies)' 中

불행한 진실과
행복한 거짓

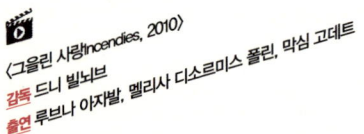

〈그을린 사랑Incendies, 2010〉
감독 드니 빌뇌브
출연 루브나 아자발, 멜리사 디소르미스 폴린, 막심 고데트

제우스는 대장장이의 신 헤파이스토스에게 흙으로 아름다운 여인을 빚게 했다. 이 여인에게 지혜의 신 아테나는 재능과 옷, 허리띠를 선물했으며, 미의 신 아프로디테는 사랑스러움을 선물했다. 끝으로 전령의 신 헤르메스는 그녀에게 거짓, 교활함, 호기심을 선물하며 '판도라'라는 이름을 지어 주었다.

"때로는 말이야…… 모르는 게 더 나을 때도 있어."

평생을 베일에 가려진 채 살아온 어머니 나왈 마르완이 죽으며 남긴 유언에 쌍둥이 남매인 잔느와 시몬은 혼란스러워진다. 죽은 줄로만 알았던 아버지를 찾아 한 통의 편지를 전하고, 존재조차 알지 못했던 나이 많은 남자 형제를 찾아 또 한 통의 편지를 전하라니.

순수 수학을 전공한 잔느는 방정식에서는 절대로 X부터 구할 수 없고, X 값을 구하기 위해서는 거꾸로 올라가야 함을 알고 있었다. 그래서 그녀는 어머니의 고향에서 시작해 그 흔적을 따라가며 멀고 먼 여행을 시작했다. 그러면서 점점 어머니의 비밀에 다가가게 되었다. 그리고 진실에 거의 가까워졌을 때 어머니가 수감되었던 감옥의 교도관에게서 이 대사를 듣게 된다.

천재 발명가 에디슨Edison은 주체할 수 없는 호기심 덕에 많은 발명을 이루었다. 하지만 모든 호기심이 이런 훌륭한 결과를 가져오지는 않는다. 가끔은 호기심이 '판도라의 상자'처럼 화가 되어 돌아오기도 한다.

미스터리 영화들을 보면 주인공에게 알 수 없는 사건이 발생하고, 끈질긴 추적 끝에 마주하고 싶지 않은 비밀에 부딪히고 만다. 그리고 마지막 순간, 주인공에게 기회가 주어진다. 비

밀과 마주할 것인지 아니면 묻어 둔 채 살아갈 것인지. 이럴 때 그놈의 호기심이 늘 문제가 된다.

아리스토텔레스Aristoteles는 호기심이야말로 인간을 인간답게 하는 중요한 특징이라고 말했다. 판도라 역시 인간이기에 호기심을 주체하지 못하고 세상의 악들이 담겨 있는 상자를 열어 버린 것이다.

잔느 역시 결국은 판도라의 상자를 열어 버렸다. 교도관이 호기심을 거두고 돌아서라고 경고했지만, 잔느는 풀지 못한 문제를 둔 채 돌아설 수 없었다. 그 결과, 그녀는 아버지와 오빠에 대한 알고 싶지 않은 진실과 마주하게 된다.

살다 보면 가끔은 모르는 것이 더 나았을 법한 일들이 있다. 모르는 것이 더 나은지 그럼에도 불구하고 진실이 더 나은지 판단할 수 없는 순간도 많다. 만약 당신에게 이런 순간이 찾아온다면 진실과 마주할 마음의 준비가 되어 있는가? 한번 스스로에게 물어보자.

'1+1'의 답은 '2'라고 믿고 살던 잔느에게 답이 '1'일 수도 있음이 그녀를 괴롭게 했듯 우리에게도 그런 일이 벌어질 수 있으니 말이다.

예전에 주님이 물었지.
우리 삶에 신의 한 수가 있겠느냐고.
이제 알겠어. 그런 묘수는 없다는 걸.
그냥 하루하루 묵묵히 사는 게
우리가 할 수 있는 최선의 수지.

영화 '신의 한 수' 中

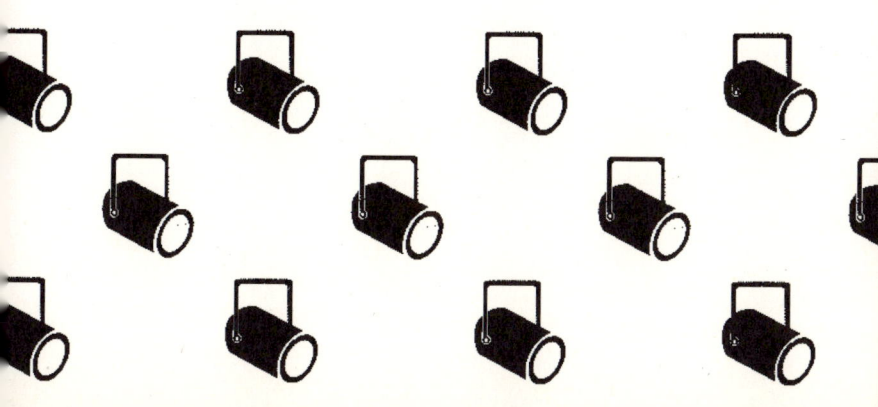

각자가 놓는 신의 한 수

〈신의 한 수, 2014〉
감독 조범구
출연 정우성, 이범수, 안성기

    우리는 매일 오늘보다 나은 내일을 꿈꾸며 살아간다. 지금은 비록 말단 직원이지만 열심히 일하면 진급할 것이라는 기대, 지금은 무명 배우이지만 곧 톱스타가 될 것이라는 기대, 지금은 무일푼이지만 조만간 돈을 많이 벌어 안정적인 생활을 할 수 있으리라는 기대 같은 것들 말이다.

    흔히 인생에는 세 번의 기회가 찾아온다고 말한다. 그 기회를 잡으면 우리는 모두 성공할 수 있을 것이다. 그렇다면 대체 그 순간은 언제 찾아오는 것일까?

> "예전에 주님이 물었지. 우리 삶에 신의 한 수가 있겠느냐고. 이제 알겠어. 그런 묘수는 없다는 걸. 그냥 하루하루 묵묵히 사는 게 우리가 할 수 있는 최선의 수지."

프로 바둑 기사 태석은 내기 바둑판의 무서운 악마 살수에 의해 형을 잃고 살인 누명까지 쓰게 된다. 태석은 살수에게 복수하기 위해 각자의 사연과 아픔이 있는 사람들을 모아 다시 한 번 바둑판을 벌이기로 한다.

하지만 살수는 그렇게 호락호락한 인물이 아니었다. 그렇다고 다시 시작된 싸움에서 쉽게 물러날 수도 없는 법. 결국, 바둑으로 시력을 잃었던 주님이 이번에는 동료들을 구하기 위해 자신의 목숨을 내놓는다.

이 대사는 주님의 죽음을 지켜본 허목수가 전설로만 존재하는 '신의 한 수'는 세상 어디에도 존재하지 않음을 깨달으며 한 말이다.

우리는 로또를 살 때 1등이 되기를 기대하고, 룰렛을 돌릴 때는 잭팟을 기원한다. 어쩌면 오늘이 내 인생에 있어 신의 한

수가 될지도 모른다고 생각하면서.

하지만 결과는 '역시나……'일 때가 많다. 그럼에도 우리는 내 인생에도 언젠가 신의 한 수가 찾아오리라 기대하며 또 다시 로또를 구입하고 룰렛을 돌린다.

그러고 보니 어딘가 이상하지 않은가. 우리는 모두 각기 다른 인생을 살고 있으며 행복을 느끼는 순간 역시 저마다 다른데, 대부분의 사람들이 일확천금을 얻는 순간을 인생의 기회라고 생각하니 말이다.

그렇다면 죽음을 맞이하는 마지막 순간, 우리는 어떤 순간을 떠올리며 행복했다고 느낄까. 갑자기 많은 돈을 벌었던 순간? 그 돈으로 무언가를 산 순간? 그보다는 누군가를 뜨겁게 사랑했던 순간이나 평온해서 아름다웠던 어느 찰나의 순간이 아닐까.

우리는 영화 속 주인공처럼 파란만장하거나 격정적인 시간을 보내며 살지 않는다. 그들에 비하면 우리의 인생은 보잘 것 없이 고요하고 잔잔하여 재미가 덜할 수 있다.

하지만 현재의 나와 앞으로의 나를 더 강하게 만들고 행복하게 해 주는 것은 파란만장한 큰 사건이 아니라 지금 이렇게 흘려보내는 오늘이다. 별 탈 없이 보내며 웃기도 하고 실수하

기도 하는 평범한 이 시간 말이다.

어쩌면 너무 소소해서 이것이 행복인지 미처 깨닫지 못하고 지나쳤을 수도 있다. 그렇다면 지금 이 순간부터 오감을 열고 힘껏 느껴 보자. 그런 순간들이 모여 우리 인생의 신의 한 수가 될 테니 말이다.

'영원히 살 것처럼 꿈꾸고 오늘 죽을 것처럼 살아라'는 제임스 딘James Dean의 명언처럼 늘 신의 한 수 같은 오늘을 살아갔으면 하는 바람이다.

네 앞길을 가로막고 있는 유일한 사람은 바로너야.

영화 '블랙 스완 (Black Swan)' 中

나를
믿어 주는
힘

🎬
〈블랙스완Black Swan, 2010〉
감독 대런 아로노프스키
출연 나탈리 포트만, 뱅상 카셀, 밀라 쿠니스

 루게릭병으로 시한부 인생을 선고받은 스티븐 호킹Stephen Hawking 교수는 죽음을 극복하고 혁명적인 물리학 이론을 내놓았으며, 베토벤Beethoven은 청력의 이상에도 불구하고 멋진 음악들을 작곡해 냈다. 가끔 이렇게 믿을 수 없을 만큼 놀라운 일들이 우리 주변에서 벌어지고는 한다.

 이렇듯 불가능을 가능하게 한 이들의 비결은 바로 '의지'가 아니었을까. 측정할 수도, 예상할 수도 없는 인간의 의지. 그것은 대체 무엇일까?

"네 앞길을 가로막고 있는 유일한 사람은 너야."

 늘 완벽함을 추구하는 발레리나 니나는 평생을 간절히 프리마 돈나를 꿈꿔 왔다. 그리고 간절한 바람 끝에 프리마 돈나로 선발된다. 선발된 작품은 '백조의 호수'. 이 작품에서 그녀는 백조와 흑조를 동시에 연기해야만 했다.

 엄마의 보호 아래 순수함을 잃지 않고 산 니니는 백조의 삶에 가까웠는데, 그에 반해 흑조는 전혀 어울리지 않는 정반대의 캐릭터였다.

 하지만 니나는 완벽한 프리마 돈나가 되고 싶었다. 스승인 토마스는 그녀 내면의 욕망에 눈뜨게 해 흑조 캐릭터를 끌어내려 했고, 동료 발레리나 릴리는 완벽하지 않지만 매력적인 몸동작으로 그녀를 옥죄어 왔다. 결국, 니나는 백조와 흑조의 경계를 넘나들며 자신이 변하고 있음을 느끼게 된다.

 그런 니나의 변화에 두려움을 느낀 엄마가 무대에 오르지 못하도록 앞길을 막지만, 그녀는 엄마를 뿌리치고 공연장으로 향한다.

  이 대사는 무대에 오르기 전, 평소와 달라 보이는 니나에게 토마스가 한 말이다.

  사실, 니나는 엄마의 욕망을 대신 실현해 주려는 의지로 가득한 소녀였다. 발레를 좋아하고 최고의 발레리나가 되겠다는 마음은 분명했지만, 그 꿈이 자신의 것인지 엄마의 것인지는 잘 구분되지 않았다.

  니나는 프리마 돈나가 되면 모든 것을 다 얻게 될 줄 알았다. 하지만 그 자리를 지키기 위해서는 자신이 진정한 흑조가 되어야 했고, 그것은 엄마가 원하는 딸의 모습이 아니었다. 결국, 그녀는 완벽한 흑조가 되어 여왕이 되기를 선택했다. 엄마 품에서 벗어나 진정한 꿈이 생긴 것이다.

  어쩌면 순수하기만 한 니나를 보고 엄마도, 토마스도, 동료 발레리나들도 그녀가 흑조가 되기란 불가능하다고 생각했을지 모른다. 그럼에도 그녀는 완벽한 여왕이 되기 위해 온 힘을 다해 몸부림쳤고, 강한 의지로 완벽한 흑조를 완성해 냈다.

  이렇듯 인간이 가진 꿈, 욕망, 의지는 우리 눈에 보이지 않지만 엄청난 힘이 있다. 의지는 불가능을 가능하게 만들고, 죽음에 생명을 불어넣기도 한다. 물론, 이런 의지에도 장애물은 존

재한다. 그것은 바로 나, 자신이다.

의지는 내 안에 존재한다. 그 힘이 얼마나 센지, 능력이 어디까지인지 알 수 있는 것은 나뿐이다. 이때, 내가 나를 믿지 못하고 시도조차 하지 않는다면 그 의지는 종이 한 장도 들어 올리지 못할 것이다.

나의 앞길을 가로막는 내가 되지 말자. 내가 '나'를 믿고, '나'라는 장애물로부터 자유로워질 때, 비로소 나의 의지는 빛을 발하고 믿을 수 없는 능력을 발휘하게 될 것이다.

난 많은 사람들보다
운이 좋아요.
나보다 운 좋은 사람은 빼고요.

영화 '가타카 (Gattaca)' 中

꿈에는 절대적인 것을 넘어서는 힘이 있다

〈가타카 Gattaca, 1997〉
감독 앤드류 니콜
출연 에단 호크, 우마 서먼

개개인의 유전학적 정보를 담아내고 있는 DNA의 힘은 참으로 신비롭다. 현재 최첨단의 과학 기술을 보유하고도 인간의 DNA 비밀은 다 밝혀내지 못했다. 하지만 머지않은 미래에는 인간의 DNA 비밀을 모두 밝혀낸 고도화된 사회가 되어 있지 않을까.

내 유전자에 어떠한 인자들이 내포되어 있는지, 성격은 어떻고 어떤 종류의 질병에 취약한지, 더 나아가 수명까지도 알게 되는 세상이 도래한다면 우리의 인생은 어떻게 달라질까?

"난 많은 사람들보다 운이 좋아요, 나보다 운 좋은 사람은 빼고요."

영화는 피 검사 한 번으로 개인의 모든 정보를 알게 되는 미래 사회를 배경으로 하고 있다. 모든 이들이 태어나면서부터 인생의 정답을 가지고 태어나게 된다. 사회적인 신분 제도는 사라졌지만, DNA를 통한 유전적 신분 제도가 새롭게 생겨나게 된 것이다.

우성 인자를 가지고 태어난 이들은 좋은 직업을 갖게 되고, 열성 인자를 가지고 태어난 이들은 남들이 선호하지 않는 직업을 갖게 된다. 열성 인자를 가졌다는 이유만으로 태어나면서부터 꿈꿀 기회조차 박탈당하는 것이다.

주인공 빈센트는 열성 인자를 가지고 태어난 사람 중 한 명이다. 운명적으로 그는 늘 패배감만을 맛보며 살도록 계획되었다. 영화는 그런 그가 우성 인자를 가진 이들만 될 수 있다는 우주 비행사를 꿈꾸는 데서 이야기가 시작된다. 이 대사는 빈센트가 사랑한 여자 아이린이 그에게 건넨 말이다.

우리는 살면서 다양한 부족함을 느낀다. '내 키가 조금만 더

컸더라면', '우리 부모님이 조금만 더 부자였더라면', '더 좋은 유전자를 가지고 태어났더라면' 하고 말이다. 누군가 지금보다 더 나은 삶을 살지 못하는 이유를 대라고 하면 아마 수십 가지도 더 꼽을 수 있을 것이다. 그렇다고 이런 이유들을 두고 '핑계'라 하고 싶지는 않다. 인생의 걸림돌이 어디 한두 개이겠는가.

하지만 주어진 운명을 탓하느라 노력도 해 보지 않고 포기한 것은 아닌지…… 진지하게 생각해 볼 필요가 있다.

우리는 무한한 가능성을 지닌 아주 특별한 존재이지만, 대부분의 사람들은 이런 가능성을 믿지 못한다. 특별함을 좀처럼 인정하려 들지도 않고, 무언가 시도도 해 보기 전에 당연히 못할 것이라 여긴다. 참으로 안타까운 일이다.

하지만 빈센트는 달랐다. 자신을 믿었다. 그 결과, 그는 자신이 꾸는 꿈에 가까이 다가가게 되었다.

만약 빈센트가 자신의 DNA에 굴복한 채 청소부 일에 만족하고 살았다면 어떻게 되었을까. 매일 퇴근 후 텔레비전만 보다 자신을 나약하게 낳은 부모님을 탓하며 여생을 보내지 않았을까. 물론, 그도 알고 있었다. 자신의 유전적 형질이 좋지 않다는 것을, 자기보다 운 좋은 사람이 훨씬 많다는 것을.

 하지만 그에게는 그보다 더 중요한 것이 있었다. 스스로에 대한 믿음과 열정, 꿈 등. 그가 가진 이런 정신적인 것들에 비하면 유전적 형질은 하찮은 것에 불과했다.

 각자의 삶을 돌아보자. 너무 쉽게 꿈을 저버린 채 살고 있지는 않은가? 꿈을 저버릴 만한 많은 핑계들을 찾으면서 말이다.

 우리에게는 자신을 믿어야 할 의무, 이 세상에서 자신을 가장 운 좋은 사람으로 여겨야 할 책임이 있다. 누가 뭐라고 해도 우리는 세상에 둘도 없는 특별한 존재이니 말이다. 자신에 대한 이런 의무와 책임을 다한다면 이루지 못할 꿈이란 없을 것이다. 어떤 꿈이라도 반드시 이루어 낼 수 있다. 우성 인자를 가진 이들 중에서도 가장 우성한 사람만이 될 수 있다는 우주 비행사의 꿈을 빈센트가 이룬 것처럼 말이다.

 무한한 가능성을 두고도 유전자 핑계를 대며 도전을 막을 것이 아니라 이참에 자신의 운명을 스스로 개척해 보는 것은 어떨까. 그러기 위해서는 가장 먼저 자신의 꿈을 찾아야 한다. 꿈을 찾고, 스스로를 믿고 나아가자. 그렇게 되면 우리는 천하무적이 될 것이다.

 영화 속 열성 인자를 가진 빈센트가 우주 항공 회사에 입사

하도록 우성 인자를 빌려 준 이가 있다. 바로 제롬이라는 인물이다. 그는 완벽한 유전자를 타고났지만 사고로 하반신을 잃은 뒤 세상을 등진 채 살아가고 있었다. 그의 눈에 빈센트는 허황된 꿈을 꾸는 한심한 인간이었다.

하지만 빈센트가 타고난 운명에 굴하지 않고 꿈을 현실로 만드는 모습을 보고 생각이 달라진다. 자신이 그에게 준 것보다 받은 것이 더 많음을 깨닫게 된다. 그러면서 제롬은 말한다.

"난 너에게 몸을 줬지만 넌 나에게 꿈을 줬잖아."

그렇다면 스스로에게 물어보자.

'나의 꿈은 무엇인가?'

인생에서 기쁨을 찾았는가?

영화 '버킷 리스트 – 죽기 전에 꼭 하고 싶은 것들 (The Bucket List)' 中

버킷 리스트에 관한 생각

〈버킷 리스트 - 죽기 전에 꼭 하고 싶은 것들 The Bucket List, 2007〉
감독 롭 라이너
출연 잭 니콜슨, 모건 프리먼

    버킷 리스트 Bucket List는 'Kick The Bucket'에서 나온 말이다. 중세 시대, 자살할 때 목에 밧줄을 감고 양동이를 발로 차 버리는 행위에서 비롯되었다. 아마 그 양동이 안에는 죽는 자의 마지막 소원이 담겨 있지 않았을까.

    만일 내일 지구가 멸망한다면 당신은 무엇을 하겠는가? 가족들과 행복한 시간을 보내거나 사랑하는 연인을 위해 뜻깊은 일을 하고, 그동안 잘못했던 일에 사과를 하려 할 수도 있다.

    죽음을 마주하게 되는 순간, 나의 양동이 안에는 어떤 소원

이 담기게 될까.

"인생에서 기쁨을 찾았는가?"

여기 영원할 것만 같던 인생을 곧 끝마칠 두 명의 남자, 에드워드와 카터가 있다. 에드워드는 돈이라면 남부럽지 않은 재벌가이고, 카터는 가난하지만 마음만은 부자인 평범한 노인이다.

둘의 만남은 병실에서 우연히 이루어진다. 카터는 자신의 인생을 정리하며 그동안 하고 싶었지만 해 보지 못한 일들을 버킷 리스트에 적어 내려간다. 에드워드는 카터의 이런 행동이 처음에는 우스웠지만, 이내 자신도 동참하기로 결심한다. 어차피 죽을 거라면 밑져야 본전 아니겠냐면서 말이다.

둘은 에드워드의 어마어마한 재산으로 버킷 리스트 속 모든 일들을 실천해 간다. 세렝게티에서 사냥하기, 문신하기, 스카이다이빙하기, 눈물 날 때까지 웃어 보기 등…… 그 무엇도 이들을 막을 수 없었다.

이 모든 일들을 시간 가는 줄 모르고 신나게 즐기고 현실로 돌아오니 죽음이라는 친구가 두 남자에게 성큼 다가와 있었다.

앞의 대사는 죽음의 문턱에 한 발 먼저 다가간 카터가 에드워드에게 남기는 말이다.

'웰빙Well-being'이라는 말은 지금 우리에게 너무나 익숙한 단어이다. 이는 사람들의 주된 관심사가 건강하게 잘 먹고 잘 사는 데 있음을 시사한다.

그렇다면 '웰다잉Well-Dying'은 어떨까. '유종의 미', '끝이 좋으면 다 좋다' 등 시작보다 끝이 중요함을 강조하는 관용구들은 많지만, 자신의 마지막을 진심으로 고민해 본 사람은 그리 많지 않을 것이다.

그런 점에서 버킷 리스트는 소원의 목록, 그 이상의 의미일지도 모르겠다. 영원히 살 것처럼 사는 이들에게 삶의 진정한 의미를 되새기게 하고, 삶의 마침표를 찍게 되는 순간에 대비하도록 도와주니 말이다.

에드워드와 카터 역시 인생의 마침표를 잘 찍기 위해 버킷 리스트를 작성했고 마침내 그것들을 실천했다. 여기서 그들이 한 일은 단순히 인생의 기쁨을 찾는 일이 아니었다. 그저 그 일을 하면서 서로의 생각을 나누고 스스로를 돌아보며 자신이 언제 기쁨을 느끼는지 깨달았을 뿐이다.

외모가 뛰어나든 그렇지 않든, 돈이 많든 적든 삶의 기회는 누구나 한 번뿐이다. 이때, 삶에 대한 평가는 인생을 어떻게 살아왔느냐에 따라 달라진다. 그러니 많은 경험을 하고, 그 과정에서 폭넓은 깨달음을 얻어야 한다. 그러면 그 안에서 인생의 다양한 기쁨을 얻게 될 것이다.

지금 당신에게 버킷 리스트를 적어 보라고 하면 아마 적지 않을 것이다. 앞으로 살아갈 날이 에드워드와 카터보다 많이 남은 사람으로서 그것의 필요성을 느끼지 못할 테니까.

하지만 버킷 리스트가 필요해졌을 때, 그때는 이미 그것이 우리에게 소용없을지도 모르겠다.

인생에서 가장 위대한건
누군가를 사랑하고
또 사랑 받는거야.

영화 '물랑 루즈 (Moulin Rouge)' 中

72억 분의 1의 감정

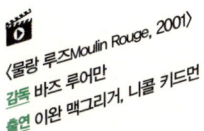

〈물랑 루즈Moulin Rouge, 2001〉
감독 바즈 루어만
출연 이완 맥그리거, 니콜 키드먼

많은 철학가, 작가 심지어 과학자들까지도 사랑의 정의를 내리기 위해 노력했지만, 그 누구도 명쾌한 답을 찾지 못했다. 사랑…… 그놈의 사랑이 무엇이기에 사람을 행복하게 하고, 실없게 혹은 멍청하게 만드는 것일까. 사랑이란 대체 무엇일까.

"인생에서 가장 위대한 건 누군가를 사랑하고 또 사랑받는 거야."

   샤틴은 세상에서 가장 큰 가치는 다이아몬드라고 여기는 창녀이고, 크리스티앙은 자신의 감정을 믿는 로맨티스트 작가다. 전혀 어울리지 않을 것 같은 이 두 사람은 우연한 계기로 만나 서로에 대한 끌림을 거부하지 못하고 사랑에 빠지게 된다.

   하지만 돈과 죽음이라는 장애물이 이 둘의 운명 같은 사랑을 방해한다. 앞의 대사는 둘의 슬픈 사랑을 지켜보던 악사 뚤루즈가 그들에게 건넨 말이다.

   다이아몬드가 세상에서 가장 큰 가치라고 여기는 샤틴에게 가난한 크리스티앙이 해 줄 수 있는 것은 아무것도 없었다. 그럼에도 둘은 마냥 행복했다.

   누구나 한번쯤은 사랑을 해 보았을 것이다. 부모에 대한 사랑, 친구에 대한 사랑, 연인 간의 사랑 등 종류는 상관없다. 여기서 중요한 것은 우리가 사랑으로 인해 행복했다는 점이다.

   늘 걷던 평범한 길이 사랑하는 이와 함께라면 아름다운 꽃길로 변하고, 매일 같은 퇴근 시간도 그 사람과 만날 생각을 하면 괜히 시간이 느리게 가는 것 같다. 그렇다고 사랑이 우리에게 대단한 부를 안겨 주거나 명예 혹은 권력을 가져다주는 것은 아니다. 그렇다면 사랑이란 대체 무엇이기에 우리를 이토

록 설레게 하는 것일까.

가만히 생각해 보면 우리의 인생을 행복하고 아름답게 만드는 것은 물질보다는 정신적인 것에 더 많다. 비싼 명품 가방을 사서 드는 것보다 책 한 권을 읽는 것이 나를 더 가치 있게 만든다. 혼자 비싼 레스토랑에 가서 식사를 하는 것보다 사랑하는 사람과 함께 끓여 먹는 라면이 더 맛있다.

전 세계 72억 인구 중에 한 사람을 만나 사랑에 빠진다는 것은 엄청난 확률을 뚫고 일어나는 일이다. 거기다 내가 사랑하는 사람이 나를 사랑하게 될 확률은 더 어마어마하다. 위대하다는 말밖에는 할 수가 없다.

이렇게 위대한 사랑은 물질적으로는 아무런 보상이 없을지라도 우리의 인생에 가늠조차 할 수 없는 정신적인 풍요를 가져다준다. 그럼에도 우리는 아직 사랑에 대한 정의를 내릴 수 없지만, 대신 느낄 수는 있다. 사랑의 위대함이 어떤 것인지.

샤틴은 이제 알 것이다. 다이아몬드보다 위대한 것이 바로 사랑임을.

개성이 없어, 개성이.

성공하려면 말이야 어사라는 직책위에 개성이 있어야 돼.
뭐랄까... 그 사람만의 어떤 이야기랄까 뭐 좀 그런게 있어야 되는데...

영화 '방자전' 中

지금은
개성 시대

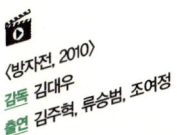

〈방자전, 2010〉
감독 김대우
출연 김주혁, 류승범, 조여정

    우리는 개성을 요구하는 사회에 살고 있다. 그러면서도 한편으로는 남과 다름을 드러내기 두려워하기도 한다. SNS에는 남들과 다른 듯 수십, 수백 개의 글을 올리고 있지만, 막상 개성은 배어 있지 않다. 그저 남들이 가 봤다는 명소에 가서 인증샷을 찍고, 남들이 좋다고 하는 것들을 사서 자랑할 뿐이다.
    많은 이들이 좋아하는 것을 유행이라고 생각하지만, 사실은 마케팅의 일환으로 '유행'이라는 상표가 붙어 판매될 뿐이다. 이런 가짜 유행 속에서 우리는 개성을 잃고 점점 평준화되고

있다. 자신도 모르게 말이다.

> "개성이 없어, 개성이. 성공하려면 말이야 어사라는 직책 위에 개성이 있어야 돼. 뭐랄까 그 사람만의 어떤 이야기랄까 뭐 좀 그런 게 있어야 되는데……."

이 영화는 그네를 타는 청순가련한 성춘향과 그녀에게 첫눈에 반해 사랑에 빠진 이몽룡, 이 둘의 애틋한 러브 스토리……가 아니다.

신분 상승의 욕망 때문에 몽룡을 잡고 싶은 춘향과 잠시 청춘을 즐기고 싶었던 몽룡, 춘향을 진심으로 사랑하는 방자, 이들을 둘러싼 사랑, 음모, 정치에 관한 이야기이다.

이 대사는 잠시 청춘을 즐긴 뒤 정신 차리고 공부해서 장원급제한 몽룡에게 내시들이 마패를 건네며 한 말이다.

평준화된 어사 사회를 꼬집으며 개성을 요구하는 내시들의 이 발언은 당시와는 사뭇 어울리지 않는 표현처럼 보인다. 그래서 관객들의 웃음을 유발하고 몽룡으로 하여금 미담을 만들

기 위한 작전을 세우게 한다. 그렇다면 개성이라는 것이 얼마나 중요하기에 몽룡을 그렇게 만든 것일까.

우리는 개성 넘치는 삶을 산 위인들을 몇 알고 있다. 공부를 못했던 에디슨은 닭장에서 달걀을 품는 개성을 보여 주었고, 새처럼 한번 날아 보겠다며 지붕에서 수백 번 낙하한 라이트 형제Wright brothers 역시 개성 넘쳤다. 당시 지배적인 화법을 거부하고 자신만의 독창성을 보인 미켈란젤로Michelangelo Buonarroti도 마찬가지다.

이쯤 되면 개성이 엄청 중요하다는 생각이 들지만, 주입식 교육을 받고 자란 탓인지 우리는 여전히 개성을 드러내기가 겁이 난다. 수업 시간에 질문을 하면 수업을 방해하는 학생으로 취급받고, 유교 사상 때문에 손윗사람과 의견이 달라도 수긍해야 하는 사회 분위기도 여기에 한몫할 것이다.

하지만 이 모든 것을 뛰어넘어 모두가 '예'라고 할 때 '아니'라고 말할 수 있는 이유 있는 용기가 세상을 바꾼다. 에디슨, 라이트 형제, 미켈란젤로가 그랬듯 말이다.

개성을 가지고 싶었던 몽룡의 작전은 성공했지만, 춘향의 마음까지는 어쩌지 못했다. 반대로 신분을 뛰어넘어 개성 넘

치는 기질을 발휘한 방자는 춘향의 마음을 얻는 데 성공한다.

 굳이 선택하라면 평준화된 어사보다는 개성 넘치는 방자가 되어 보는 것이 어떨까. 그렇게 되면 우리도 고전 속 조연에서 벗어나 영화 속 주인공이 될 수 있을지 않을까.

이 마스크 뒤엔 살점만 있는게 아니야.
한 인간의 신념이 담겨있지.
총알로는 못 죽이는 신념이.

영화 '브이 포 벤데타 (V For Vendetta)' 中

공부는 지식이 아닌 인내심을 배우기 위해 하는 것이다

⟨브이 포 벤데타 V For Vendetta, 2005⟩
감독 제임스 맥티그
출연 고 위빙, 나탈리 포트만, 스티븐 레아

주위를 보면 쉽게 갈 수 있는 길은 돌아가고, 편하게 살 수 있는 방법은 피하며 사는 사람들이 있다. 이른바 자발적 불편을 추구하며 사는 사람들이다. 그들에게 왜 그런 삶을 추구하는지 물으면 대답은 한결같다. 그들은 '자신의 신념'과 맞지 않는 일은 하지 않는다고 말한다. 대체 신념이 무엇이기에 그렇게도 중요한 것일까.

"이 마스크 뒤에는 살점만 있는 게 아니야.

한 인간의 신념이 담겨 있지. 총알로는 못 죽이는 신념이."

영화는 3차 세계 대전이 벌어진 이후의 영국을 배경으로 한다. 정부는 개개인의 사생활보다는 전체주의를 강조하고, 미디어는 국민을 통제하는 수단으로만 활용될 뿐 진짜 뉴스는 찾아볼 수 없게 되었다. 사건 사고들은 정부의 편의대로 거짓 보도되고, 국민들의 사고나 행동을 가로막기 위해 예술, 문화 심지어 음식까지도 통제되었다. 창의적인 사고야말로 개인을 발전시키고 행동하게 만드는 원동력이 되기 때문이다.

이렇게 부패한 사회에 '브이'가 나타난다. 환하게 웃고 있는 마스크를 쓰고 긴 망토를 두른 채 나타난 브이는 신념을 가지고 부패한 지도자들을 처단하고, 행동하지 않는 사람들을 행동하게 만든다.

이 대사는 최후의 결투에서 수십 발의 총을 맞고도 죽지 않는 브이가 신념을 가지고 건네는 말이다.

인간이었다면 벌써 죽고도 남았을 정도의 외상을 입었지만 브이는 그 자리에서 죽지 못했다. 자신이 죽어서는 안 될 곳임

을 알았기 때문이다. 결국, 그는 그곳에서 나와 이브가 기다리는 곳에 도착해서야 편안히 죽음을 맞았다.

브이는 '죽는 그날'을 위해 20년을 살아왔다. 자신의 신념으로 사람들과 사회를 변화시키는 날을 위해서 말이다.

영화 속에서 브이는 굉장히 인상 깊은 캐릭터이다. 그는 자신의 신념을 명확히 드러내고 세상에 전파시켰지만, 아무도 그의 진짜 이름과 얼굴을 알지 못했다. 그럼에도 그의 신념 덕에 사람들은 진정한 삶을 되찾게 되었다.

신념을 가지고 산다는 것은 결코 쉬운 일이 아니다. 이 세상에서 벌어지는 많은 일들은 옳고 그르다는 흑백 논리로 설명되지 않으며, 누구나 옳다고 생각한 일이 나쁜 결과로 이어지기도 하고, 반대로 모두가 나쁘다고 생각한 일이 긍정적인 영향을 미치기도 한다. 사회가 발전하고 과학 기술이 진화하면서 이런 일들은 매일 같이 벌어지고 있다.

보다 나은 삶을 위해 우리는 교육받지만 그렇다고 내가 항상 옳은 판단만 내리며 산다고 확신할 수는 없다. 그렇다면 옳은 신념을 갖기 위해서는 어떻게 해야 할까.

여기서 가장 중요한 것은 스스로 단단해지려는 노력과 더

깊은 사고를 위한 인내가 아닐까 싶다. 인내의 시간을 보낸 사람은 자신의 내면을 깊이 들여다볼 줄 안다. 그러면서 자기가 진정으로 원하는 신념이 무엇인지 발견해 간다.

만약 브이가 사회의 부패함을 보고 복수심에 불타 무작정 칼을 휘둘렀다면 사람들은 그를 정신병자 내지는 사회 부적응자라 여겼을 것이다. 하지만 그는 그러지 않았다. 오랜 시간 고민하고 준비한 끝에 세상에 나와 사람들을 설득했다.

그 결과, 사람들은 그의 신념에 동의했고 그를 따라 주었다. 브이가 했던 행동들을 모두 옳았다고 할 수는 없지만, 적어도 그가 가진 신념만큼은 옳았다고 할 수 있다. 브이는 죽었지만 그의 신념은 죽지 않았다. 우리도 브이처럼 죽어도 죽지 않는 신념을 가진 사람이 되어 보자. 나를 위해서, 이 사회를 위해서.

카잘은
장점을 강조했던거야.
그는 내게 용기를 준거지.
그외의 것들은 늘 실수에만 열을 올리는
바보들에게나 줘버리는거지.

영화 '마지막 4중주 (A Late Quartet)' 中

단점보다는
장점을 발견하는
능력

〈마지막 4중주 A Late Quartet, 2012〉
감독 야론 질버맨
출연 필립 세이모어 호프만, 크리스토퍼 월켄, 마크 이바니어, 캐서린 키너

    음악의 성인聖人이라 불리는 베토벤. 그의 인생은 전기, 중기, 후기로 나누어서 이야기해야 할 정도로 다양한 음악 세계를 담고 있다. 고전적이었던 전기, 격렬하고 정열적이었던 중기, 내면의 신비로움을 드러냈던 후기. 이것이 베토벤 인생의 3막이다.

    그중 후기에 완성된 〈현악 4중주 14번〉은 베토벤 스스로가 자신의 현악 4중주 중에서 최고로 꼽는 곡이다. 이 곡은 특이하게도 7악장으로 구성되어 있는데 각 장이 연결되어 있어 중간에 연주자들이 쉴 수조차 없다.

 이렇게 쉼 없이 연주를 하다 보면 각 악기들의 소리는 조금씩 어긋나게 되고 가끔은 불협화음을 만들어 내기도 한다. 우리의 인생사처럼 말이다.

> "카잘은 장점을 강조했던 거야. 그는 내게 용기를 준 거지. 그 외의 것들은 늘 실수에만 열을 올리는 바보들에게나 줘 버리는 거지."

 첼리스트 피터, 비올리스트 줄리엣, 제1바이올리니스트 다니엘, 제2바이올리니스트 로버트. 이들은 25주년 기념 공연을 앞둔 현악 4중주단 '푸가'의 일원들이다. 그러던 어느 날, 팀의 정신적 지주인 피터에게 파킨슨병이라는 진단이 내려지고 팀은 급격하게 흔들리게 된다.

 피터는 자신의 자리를 대신할 다른 첼리스트 영입을 제안하고, 로버트는 이때를 틈타 제1바이올리니스트 자리를 탐내게 되는데, 마땅히 믿고 지지해 줄 줄 알았던 아내 줄리엣조차 그를 인정하려 들지 않는다. 오랜 시간 아름다운 소리를 창조해

낸 이들에게 불협화음이 생기게 된 것이다.

이 대사는 피터가 수업 중에 학생들에게 자신의 경험담을 들려주며 한 말이다.

이 세상은 절대로 혼자서 살아갈 수 없다. 부모님에게서 삶을 배우고, 선생님들에게 지식을 배우고, 친구들에게 생각을 배우며 그렇게 한데 어우러져서 살아간다.

그렇다고 이런 어울림이 늘 행복만을 가져다주는 것은 아니다. 어느 순간 내 안의 변화를 느끼게 되면 그것들은 이내 세상에 불협화음을 만들어 내기도 한다.

어릴 때는 주변의 모든 것들이 옳고 대단해 보였지만, 자라면서는 점차 작고 보잘 것 없게 느껴지기도 한다. 부모님에게 배운 삶이 전부가 아님을 깨닫기도 하고, 선생님들에게 배운 지식이 틀렸음을 알게 되기도 한다. 생각을 공유하던 친구들이 어느 순간에는 경쟁자가 되어 버리기도 한다. 늘 내 편인 줄 알았던 세상이 막상 그렇지 않음을 깨닫게 되면 질투심과 불공평함에 화가 나기도 한다.

그러다 어느 순간 깨닫게 된다. 내가 타인을 바라볼 때 장점보다는 단점에 집중하며 그것을 찾아내기 위해 부단히 애쓰

고 있음을 말이다. 어쩌면 모든 것은 그대로인데, 정작 변한 것은 내가 아닐까 싶다. 피터가 수업을 하며 학생들에게 느낀 변화도 아마 그런 종류의 것이 아니었을까. 누군가가 만들어 낸 불협화음에 이해보다는 핀잔을, 격려보다는 경쟁을 부추기며 서로의 장점을 단점으로 만들어 버렸다고 느끼지 않았을까.

사람은 누구나 실수하기 마련이다. 원래 실수를 잘 저지르든, 순간의 잘못된 판단으로 그랬든 실수는 누구도 피해 갈 수 없다.

하지만 실수로 인해 상대에게 편견을 가지고 멀어지게 된다면 그것은 이제 나의 실수가 되어 버린다.

우리의 인생은 협주곡과 같아서 누군가는 한 템포 빠르고, 누군가는 한 템포 느리기도 하고, 누군가는 이해할 수 없을 정도로 엉뚱한 소리를 내기도 한다. 나와 다르다고 해서 그것을 잘못이라 여기며 부각시켜 단점으로 치부한다면 종국에는 실수에만 열을 올리는 바보가 되어 버릴지 모른다.

나와 다르다는 이유로 상대를 틀렸다고 할 것이 아니라 반대로 장점을 찾아보면 어떨까. 그렇게 되면 상대도 나의 장점을 발견하고 높게 평가해 줄 것이다. 단점보다는 장점을 발견하는 능력은 삶에서 아주 중요한 가치이니 말이다.

영화 '씨민과 나데르의 별거 (Jodaeiye Nader Az Simin)' 中

피노키오의 코가 점점 더 길어지기를 바라며

〈씨민과 나데르의 별거Jodaeiye Nader Az Simin, 2011〉
감독 아쉬가르 파라디
출연 페이만 모아디, 레이라 하타미, 사레 바이아트, 사하브 호세이니

'하얀 거짓말'

'빨간 거짓말'

'검은 거짓말'

이처럼 거짓말에는 다양한 이름이 있고, 다양한 의도가 숨겨져 있다. 누군가는 자신을 보호하기 위해 거짓말을 하고, 남에게 잘 보이기 위해 거짓말을 하고, 정말 악의를 가지고 거짓말을 하기도 한다.

그렇다면 거짓말은 나쁜 것일까, 나쁘지 않을 것일까.

"아빠, 거짓말했어?"

영화는 딸 테르메의 교육 때문에 이민을 가고 싶어 하는 아내 씨민과 치매에 걸린 아버지를 두고 이민을 갈 수 없는 남편 나데르의 별거에서부터 이야기가 시작된다.

아내의 부재로 아버지를 돌볼 사람이 필요했던 나데르는 가정부로 라지에를 고용한다. 신앙심이 깊은 라지에는 자신의 종교적 신념을 지키는 선에서 나데르의 아버지를 충실히 간호한다.

그러던 어느 날, 귀가한 나데르는 침대에 손이 묶인 채 정신을 잃고 쓰러져 있는 아버지를 발견하게 된다. 화가 난 그는 그 날로 곧장 라지에를 해고한다.

며칠 뒤, 나데르는 라지에의 남편으로부터 살인죄로 기소당한다. 임신 중이었던 라지에가 나데르 때문에 유산을 했다는 것이다. 그렇게 법정 공방은 시작되고 그 속에서 수많은 진실과 거짓들이 오고 가기 시작한다.

이 대사는 나데르의 딸 테르메가 아버지가 법정에서 거짓말했다는 사실을 알고 건네는 말이다.

　법정에서 증인들은 거짓말하지 않을 것이며 위증을 할 시 벌을 받겠다는 법정 증인 선서를 한다. 영화 속 나데르 역시 거짓말을 하지 않겠다는 법정 증인 선서를 한다. 그럼에도 그는 이를 지키지 않고 거짓말을 하게 된다. 법이라는 울타리 안에서 보면 그는 범죄자인 것이다. 이때, 그의 거짓말은 자신보다 타인을 지키기 위한 것이었는데 그럼에도 그는 처벌받아야 마땅한 것일까.

　영화의 감독 아쉬가르 파라디는 이 영화를 통해 '선과 악의 대립이 아니라 각자의 선이 갖고 있는 비전의 대립을 보여 주고 싶었다'고 말했다.

　감독의 의도대로 이 영화에는 나쁜 사람이라고 부를 만한 사람이 존재하지 않는다. 모든 인물이 옳고 그름을 정확히 가를 수 없는 딜레마에 빠져 있기 때문이다.

　나데르는 바른 사람이지만 치매에 걸린 아버지를 위해, 딸아이를 지키기 위해 거짓말을 했다. 라지에는 깊은 신앙심으로 절대 교리를 어기지 않는 인물이지만, 여러 상황 탓에 진실의 한 대목을 숨긴 채 이야기를 이어 나간다. 테르메는 선한 아이지만, 아버지를 지키기 위해 법정에서 거짓말을 한다. 씨민

은 이 모든 사실을 알고 있음에도 상황을 매듭짓기 위해 자신이 할 수 있는 최선의 합의 방안을 밀고 나간다.

누구도 이들에게 거짓말을 했으니 나쁘다고 단정 지어 말할 수 없다. 다들 자신의 개인적인 이득을 위해 거짓말을 한 것이 아니기 때문이다. 각자의 사연들이 모두 가슴에 와 닿기에 함부로 손가락질할 수 없는 것이다.

누군가 우리에게 거짓말한 적이 있느냐고 물었을 때, 그런 적 없다고 자신 있게 대답할 수 있는 사람은 아마 거의 없을 것이다. 그렇다면 우리는 모두 범죄자일까.

사는 것은 갈수록 힘들어지지만 걱정하실 부모님을 생각해 모든 일이 잘되고 있다는 거짓말을 하고, 아내의 맛없는 음식에 맛있다고 말해 주고, 죄책감에 시달리는 친구에게 잘못이 없다고 해 주는 위로의 말이 어떻게 범죄가 될 수 있을까. 이런 거짓말들은 세상에 없어서는 안 될 소중한 배려들이다.

많은 사람들이 거짓보다는 진실이 우선시 되어야 한다고 말하지만, 막상 하얀 거짓말이 없는 세상을 살아간다고 상상하니 어쩐지 외로울 것만 같다.

당신은

정말

좋은 사람이에요.

영화 '타인의 삶 (Das Leben Der Anderen)' 中

좋은 사람이 된다는 것은

🎬
〈타인의 삶Das Leben Der Anderen, 2006〉
감독 플로리안 헨켈 폰 도너스마르크
출연 울리히 뮤흐, 세바스티안 코치, 마르티나 게덱

    진 웹스터Jean Webster의 성장 소설 《키다리 아저씨》 속 주디는 얼굴도 모르는 키다리 아저씨의 사랑을 받으며 살아왔다. 키다리 아저씨에 대해 아무것도 모르지만, 그녀는 늘 그의 사랑을 느낄 수 있었다.

    그렇다면 그는 왜 사랑하는 주디 앞에 당당히 모습을 드러내지 못한 것일까. 혹시 자신이 베푼 선행보다 주디에게 받은 사랑이 더 크다고 느껴서 그런 것은 아니었을까.

"당신은 정말 좋은 사람이에요."

비즐러는 흠잡을 데 하나 없는 깔끔한 일처리로 유명한 동독의 비밀경찰이다. 그는 어떠한 허점도 용납하지 않으며 인간미라고는 눈을 씻고 찾아볼 수 없는 냉혈한 중의 냉혈한이다. 그런 그가 동독에 반감을 가진 작가 드라이만과 그의 부인이자 배우인 크리스타를 감시하게 된다.

정부가 자신들을 감시하리라고는 꿈에도 생각하지 못한 드라이만은 평상시처럼 일을 하고, 친구를 만나고, 아내와 사랑을 속삭였다. 이들의 이런 평범한 일상은 비즐러의 삶과는 사뭇 달랐다.

비즐러는 그들의 삶을 지켜보며 그동안 느껴 보지 못한 어떤 감정을 느끼게 된다. 그리고 그 감정은 비즐러를 변화시키기 시작한다.

이 대사는 자신의 존재를 철저히 숨겨야 하는 감시자 비즐러가 크리스타에게 모습을 드러낸 채 남편에게 돌아가기를 권하며 한 말이다.

간혹 존재를 밝히지 않고 선행을 한 사람이 뉴스에 나온다.

좋은 일을 하면 응당 칭찬받고 싶은 것이 보편적인 심리일 텐데 그들은 왜 조용한 선행을 선택한 것일까. 많은 이유가 있겠지만, 자신이 베푼 사랑보다 더 큰 사랑을 받으며 살았다고 생각했기 때문은 아닐까. 비즐러가 드라이만과 크리스타에게 베푼 선행이 일종의 보답이었듯 말이다.

드라이만과 만나기 전, 비즐러의 모습은 파란 피를 가졌을 것 같은 냉혈한이었다. 감수성이라고는 눈을 씻고도 찾아볼 수 없을 정도로 차가웠던 비즐러에게 드라이만은 신선한 존재였다. 그가 인생을 대하는 태도, 예술을 실천하는 행동, 세상을 바라보는 시선을 통해 비즐러는 지금껏 살던 세상과는 다른 세상을 마주하게 된다.

비즐러는 세상의 따스함을 알게 해 준 드라이만을 어떻게든 지켜 주고 싶었다. 그래서 흔들리는 크리스타에게 집으로 돌아가라는 말을 건네 그의 가정을 지켜 주고, 정부에 발각돼서는 안 될 타자기를 대신 숨겨 목숨을 지켜 준다.

하지만 드라이만은 그토록 오랜 시간 동안 누군가 자신을 지켜 주었다는 사실조차 알지 못했다. 비즐러가 자신의 이런 행동을 드라이만이 모르길 바랐기 때문이다. 그 대가가 자신에

게 아주 혹독할지라도 말이다.

격변의 시기가 지나, 독일이 통일된 후에도 비즐러의 삶은 나아지지 않았다. 그럼에도 그는 끝까지 드라이만에게 진실을 알려 주지 않았다. 아마 자신이 베푼 호의보다 드라이만이 자신에게 준 인생의 가르침이 더 크다고 생각했기 때문일 것이다.

이후 한참의 시간이 흘러 그 사실을 알게 되니 드라이만이 비즐러를 찾아가지만, 끝내 비즐러에게 모습을 드러내지 못하고 뒤돌아선다. 대신 그에 대한 보답으로 글을 쓰기 시작한다. 자신의 인생을 지켜 준 비즐러에게 바치는 글을 말이다. 이것은 비즐러 인생에 최고의 선물이었다.

좋은 사람이 된다는 것은 굉장히 어렵기도 하지만, 아주 쉽기도 하다. 보답을 바라거나 누군가 알아주기를 기대하고 행한 일로는 좋은 사람이 되기 어렵다.

그렇다면 아주 사소한 일을 시작으로 누군가에게 좋은 사람이 되어 보는 것은 어떨까. 공공장소에서 자리를 양보하거나 무거운 짐을 든 사람을 도와주는 일 같은 것으로 말이다. 그렇게 되면 이런 사소한 배려로 우리는 누군가에게 좋은 사람이 되고, 그들의 기억 속에 오래도록 머물게 될 것이다.

엄마가 그러는데 이모가 살짝 맛이 갔대요.

영화 '블루 재스민 (Blue Jasmine)' 中

잘나가는 친구의 SNS를 보고 상대적 박탈감을 느낀다면

〈블루 재스민Blue Jasmine, 2013〉
감독 우디 앨런
출연 케이트 블란쳇, 샐리 호킨스, 알렉 볼드윈

  정보 통신 기술의 발달로 세상은 놀랍도록 빨라졌다. 지구 반대편에서 벌어지는 뉴스를 1초 만에 확인할 수 있게 되었고, 연락이 끊긴 지 수십 년도 더 된 사람을 클릭 몇 번으로 찾아낼 수 있게 되었다.

  이는 그만큼 비밀을 간직하기 어려운 세상이 되었다는 뜻이기도 하다. 사생활마저도 많은 부분 노출된 채 살아가는 지금, 어디까지 숨기고 보여야 할지 우리는 다시 생각해 볼 필요가 있다.

"엄마가 그러는데 이모가 살짝 맛이 갔대요."

원래 이름이 '자넷'이었던 재스민. 그녀는 이름을 개명하면서까지 자신의 인생을 기억하고 싶은 대로 재단하고 편집하며 살고 있는 신경 쇠약, 공상 허언증 환자다. 그녀는 남편을 잘 만난 덕에 일이라는 것을 단 한 번도 해 보지 않았고, 늘 쇼핑과 자기 관리에만 열을 올리며 살아왔다.

하지만 이런 행복한 나날도 잠시, 남편이 사기죄로 기소되고 교도소에서 목을 매달아 자살하며 끝이 나게 된다.

재스민은 할 수 없이 평소 부시하던 여동생의 집에 얹혀살며 자신의 인생에 다시 한 번 백마 탄 왕자님이 나타나기를 기다린다.

이 대사는 잠시 데이트 나간 동생의 아이들을 봐줄 때 조카들이 그녀에게 던진 말이다.

조카들도 재스민을 보며 엄마 진저와 같은 감정을 느꼈다. 순수한 어린아이들의 눈에도 그녀는 거짓말쟁이에 과거의 향수에 젖어 현실을 직시하지 못하는, 반쯤 정신 나간 사람으로

보였던 것이다.

재스민은 정상 범위를 넘어서는 불안 증세를 보였으며 거짓말도 일삼았다. 물론, 그녀도 처음부터 그렇지는 않았을 것이다. 그렇다면 무엇이 그녀를 그토록 이상한 사람으로 만든 것일까.

여기서 우리는 재스민이 인생에서 중요하게 생각하는 가치관이 무엇인지부터 살펴볼 필요가 있다. 사실, 재스민은 타인의 시선을 너무도 중요하게 생각하는 사람이었다. 남들이 자신의 인생을 부러워하고 시샘하는 데서 행복을 느꼈다. 남들이 좋다고 하는 옷을 입고, 유행이라고 떠드는 물건들을 마음껏 구입할 때 살아 있다고 느꼈다. 행복의 기준이 자신이 아닌 타인에게 맞추어져 있었다.

그 결과, 더는 남들이 자신을 부러워하지 않고, 쇼핑도 마음대로 할 수 없게 되자 큰 불만을 느끼며 세상 누구보다 불행해 했다.

우리는 어떨까. 우리는 언제 행복하다고 느낄까. 재스민처럼 남들이 나를 봐 주고 부러워할 때 행복감을 느꼈던 것은 아닐까. 자신의 취향보다는 유행을 좇고, 최신 상품이 나의 가치를 올려 준다고 믿으며 구매에 동참하지 않았는가. 여기에 좋은 각도, 배경을 바탕으로 SNS에 올릴 사진 한 장만 건지면 어제

보다 더 행복한 듯한 기분을 느끼지 않았는가. 알지도 못하는 사람들의 '좋아요'나 '댓글'이 나의 행복에 결정적인 영향을 주었다면…… 우리의 삶 역시 재스민과 다를 것이 없다.

나의 인생을 가치 있게 만드는 것은 타인의 시선과 시샘이 아닌 나의 생각과 가치이다. 최신 유행을 따르지 않아도, 트렌드를 잘 몰라도 스스로가 정한 인생의 가치에 자신이 부합한다면 그보다 더 값진 것은 없다.

물론, 현실은 이상과는 다르다. 슬프게도 SNS 속 친구들의 화려한 삶을 보고 있노라면 '나는 왜 저들처럼 행복하지 못한가' 자책하며 상대적 박탈감을 느낄 수도 있다. 그 사진 속 모든 것이 거짓과 과장일수 있는데도 말이다.

타인의 기준에 맞춰 내 인생을 평가하고 허비하지 말자. 타인이 바라보는 것은 나의 외피, 그중에서도 아주 일부일 뿐이니까.

영화 속 재스민의 어린 조카들이야말로 진실된 시각으로 그녀를 꿰뚫어 본 것일지 모른다. 거짓말로 자신을 포장하고, 스스로의 가치를 떨어뜨리는 사람으로 말이다.

"우리는 다른 사람과 같아지기 위해 인생의 4분의 3을 빼앗기고 있다."

 독일의 철학자 쇼펜하우어Schopenhauer의 말이다. 애써 타인과 같아지려 노력할 필요는 없다. 그저 나의 가치 안에서 행복을 느끼기만 하면 된다. 다른 사람들의 기준에 맞추어 나의 행복을 찾기에는 인생이 너무도 짧고 아깝다.

삶은 외로운거야
우리처럼 특별한 사람들한테는 더욱.
비밀을 말해줄까? 똥보, 말라깽이, 꺽다리 전부 다 우리만큼 외로워해.
차이라면 그들은 외로움을 무서워한다는 거지.

영화 '벤자민 버튼의 시간은 거꾸로 간다 (The Curious Case Of Benjamin Button)' 中

외로움이라는 이름의 친구

🎬
⟨벤자민 버튼의 시간은 거꾸로 간다 The Curious Case Of Benjamin Button, 2008⟩
감독 데이빗 핀처
출연 브래드 피트, 케이트 블란쳇

"삶은 외로운 거야. 우리처럼 특별한 사람들한테는 더욱. 비밀을 말해 줄까? 뚱보, 말라깽이, 꺽다리 전부 다 우리만큼 외로워해. 차이라면 그들은 외로움을 무서워한다는 거지."

이 대사는 벤자민의 집에 며칠 머물렀던 오티 아저씨가 그에게 처음으로 바깥세상을 보여 주며 한 말이다.

　벤자민은 남들과 다르게 태어나 다르게 살아가야 한다는 것이 외롭다고 말한 적이 없다. 어쩌면 외롭다고 느끼지 못했을 수도 있다. 외로움을 느끼기에는 아직 어렸고, 그가 외롭지 않도록 지켜 주는 이들이 주변에 있었기 때문이다.

　하지만 오티 아저씨는 앞으로 벤자민이 살아갈 날들이 필연적으로 외로울 수밖에 없음을 짐작하고 있었다. 부시맨이라는 이유로 우리에 갇혀 사람들에게 구경거리가 되어 외로움을 느껴 봤기 때문이다. 그럼에도 그는 전혀 외로워 보이지 않았다. 오히려 유쾌해 보이기까지 했다. 그는 진정으로 외로움을 즐길 줄 아는 사람이었다.

　벤자민은 살면서 외로운 사람들을 많이 만났다. 집에는 늘 죽음을 맞이하기 위해 혼자만의 싸움을 하고 있는 노인들로 가득했다. 그를 배에 태워 세상 이곳저곳을 구경시켜 준 선장 역시 배와 술 외에는 아무것도 없는 외로운 사람이었다. 첫 키스를 나눈 애봇 부인은 남편이 있었지만 외로웠고, 그를 버린 아버지 역시 자식을 버렸다는 죄책감 때문인지 홀로 외로운 장례식을 치러야 했다.

　인간은 누구나 외롭다. 화려한 스포트라이트를 받으며 늘 사

람들에게 둘러싸인 연예인들조차 외로움에 유명을 달리하기도 하고, 남부럽지 않은 재력을 가진 이들 역시 외로움에 이해할 수 없는 행동을 일삼는다. 어쩌면 겉보기에 밝을수록 그 이면에는 짙은 어둠이 숨어 있는 것인지도 모르겠다.

외로움은 감기와도 같다. 지구상에 알려진 감기 바이러스가 약 300여 종인데, 한 번 걸릴 때마다 매번 다른 바이러스에 감염돼 평생 300번의 감기를 앓고 극복해야 더는 감기에 걸리지 않게 된다고 한다.

외로움도 마찬가지다. 매번 다른 모양으로 찾아오는 외로움을 잘 달래고 어루만져 극복해야만 같은 외로움을 겪지 않게 된다.

그렇다고 외로움을 두려워할 필요는 없다. 외로움은 평생 우리와 함께 걸어갈 친구와도 같은 존재이니까. 간혹 가슴 아프게도 하고 쓸쓸하게도 하지만, 그만큼 우리에게 많은 깨달음을 주고 떠난다.

삶이란 원래 외로운 것이다. 그 외로움을 잘 받아들이고 견뎌 낸다면 종단에는 오티 아저씨와 같은 여유와 유쾌함을 갖게 될지도 모른다. 그의 말처럼 평범한 사람들은 외로움을 두

려워하며 괴로워한다.

   외로움을 무서워하지 말자. 우리는 벤자민보다도 더 특별한 사람들이니까.

난 불행한 결혼 생활을 20년 넘게했어.
그렇게 배우고 자랐으니까.
올바른 사람들은 이혼을 하는 게 아니라고 믿었어.

영화 '매디슨 카운티의 다리 (The Bridges Of Madison County)' 中

사랑에는 책임감이 따른다

〈매디슨 카운티의 다리 The Bridges Of Madison County, 1995〉
감독 클린트 이스트우드
출연 메릴 스트립, 클린트 이스트우드

"난 불행한 결혼 생활을 20년 넘게 했어. 그렇게 배우고 자랐으니까. 올바른 사람들은 이혼을 하는 게 아니라고 믿었어."

아이오와주 매디슨 카운티의 작은 마을에 살았던 프란체스카가 세상을 떠났다. 이 이야기는 그녀의 유언장이 아들과 딸에게 전해지며 시작된다. 이미 자녀들이 가족묘를 사 두었는데 그녀는 돌연 화장을 해 달라며 자신의 이야기가 담긴 기나

긴 일기를 남기고 세상을 떠난다. 일기에는 오래 전 가족들이 집을 비운 4일간의 이야기가 담겨 있었는데, 마을의 로즈만 다리를 촬영하기 위해 그곳에 왔던 사진작가와 그녀가 나누었던 운명적 사랑에 관한 것이었다.

앞의 대사는 프란체스카의 딸 캐롤라인이 절대 이해할 수 없었던 어머니의 사랑을 이해하고 받아들이면서 오빠에게 하는 말이다.

누군가는 이 영화를 보며 불편한 감정을 느꼈을 수도 있다. 이미 결혼을 했고, 자식도 있으며 심지어 남편을 사랑하는 여자가 갑자기 나타난 남자와 사랑에 빠졌다는 것이 도덕적으로 옳지 않다고 볼 수도 있다.

프란체스카의 자녀들도 처음에는 그녀의 사랑을 부정했다. 어머니의 외도를 꿈에도 생각해 보지 못했던 것이다. 수십 년 동안 어머니 마음에 다른 남자가 있었다니…… 받아들일 수도 없을뿐더러 믿고 싶지 않은 사실이었다.

하지만 프란체스카가 남긴 일기를 모두 읽고 나서 그들은 그녀를 이해하고 사랑에 대한 책임감을 깨닫게 된다.

불과 몇십 년 전 만해도 모름지기 결혼은 부모님이 맺어 주

는 사람과 하는 것이라 여겼다. 하지만 지금은 자신에게 맞는 사람과 만나 사랑을 나누고 결혼하는 경우가 대부분이다.

그렇다고 이런 자유연애가 늘 좋은 결과만을 가져오는 것은 아니다. 주위를 둘러보면 연애를 너무 가볍게 여기는 사람들 때문에 상처받고 아파하는 이들이 종종 있다. 개개인의 가치관을 존중받아 자유로운 사랑이 가능해졌는데 몇몇의 사람들은 왜 사랑의 존엄성을 무시하는 것일까. 그들은 모든 자유에는 책임이 따른다는 것을 진정 모르는 것일까.

어쩌면 프란체스카는 남편과 자식들에게 비난받을 만한 행동을 한 것인지도 모른다. 하지만 그녀는 한 사람의 아내, 아이들의 엄마이기 이전에 한 명의 여자였다. 로버트는 그것을 느끼게 해 준 남자였다.

처음에는 프란체스카도 이런 감정을 느끼게 해 준 로버트를 따라 떠나려 했지만, 결국 떠나지 않았다. 사랑의 책임감을 다하기 위해서였다.

프란체스카는 이미 알고 있었다. 누군가와 가정을 이루고 자식을 낳기로 결정하는 순간, 인생의 일부는 새롭게 시작되고 일부는 멈춰 버린다는 것을.

만약 프란체스카가 책임을 저버리고 로버트와 함께 떠나는 삶을 선택했더라면 어땠을까? 행복할 수 있었을까? 책임을 다하지 못했다는 후회로 매일매일 괴로워하지는 않았을까.

프란체스카는 가끔가다 마음속 깊숙한 곳에 남아 있는 로버트의 흔적을 찾아 헤매며 후회했을지 모른다. 하지만 그보다는 떠나지 않길 잘했다는 안도감을 더 자주 느꼈을 것이다. 남편과 자식들에 대한 책임감, 어느 날 갑자기 찾아온 한 남자와의 사랑에 대한 책임감, 이 모든 것이 그녀 자체였다.

그렇다고 누군가를 사랑한다는 이유로 책임을 다하기 위해 결코 이별하면 안 된다는 것은 아니다. 자신의 행복보다 중요한 것이 타인에 대한 책임감이라는 이야기도 아니다. 결국, 스스로의 인생을 책임지기 위해서는 자신의 운명을 통제하고 결정해야 한다는 것이다.

최선을 다했음에도 불구하고 이별의 순간이 찾아온다면 그 역시도 책임감 있게 받아들이면 된다. 그렇게 되면 우리는 만족스러운 삶을 살 수 있다. 스티브 구디어Steve Goodier의 말처럼 말이다.

"자기 인생의 문제를 스스로 결정하는 것은 대단히 중요하다. 나의 일을 내가 결정하지 못하면 타인이 결정해 버린다. 스스로의 운명을 통제하고 결정하고 책임질 때 우리는 만족스러운 삶을 살 수 있다."

– 스티브 구디어

똑같은 하루를 다시 살아보렴.
처음엔 긴장과 걱정 때문에 볼 수 없었던 세상의 아름다움을
두 번째 살면서는 느끼면서 말이야.

영화 '어바웃 타임 (About Time)' 中

카르페 디엠
Carpe Diem

〈어바웃 타임About Time, 2013〉
감독 리차드 커티스
출연 도널 글리슨, 레이첼 맥아담스, 빌 나이

'카르페 디엠Carpe Diem!'

'현재의 이 순간을 즐기라'는 뜻이 담긴 이 라틴어는 많은 이들이 좌우명으로 삼으며 좋아하는 말이다. 이 문구를 좌우명으로 삼는 이유는 말 그대로 지금 이 순간을 있는 그대로 즐기고 싶기 때문이 아닐까.

우리는 다양한 이유로 지금 이 순간을 즐기지 못하고 있다. 과거를 그리워하고 미래를 갈망하느라 현재를 돌아볼 여유가 없다. 마음으로는 매일 '카르페 디엠'이라고 외치지만, 머릿속

에는 과거에 대한 후회, 미래에 대한 걱정으로 가득 차 있는 우리. 나이만 먹으면 어른이 되는 줄 알았는데…… 그럴수록 많아지는 것은 걱정뿐인 듯하다.

> "똑같은 하루를 다시 살아 보렴. 처음에는 긴장과 걱정 때문에 볼 수 없었던 세상의 아름다움을 두 번째 살면서는 느끼면서 말이야."

빌의 집안 남자들에게는 대대로 특이한 능력이 전해져 내려오는데, 바로 시간 여행의 능력이다. 그는 이 능력을 이용해 망신스러웠던 사건을 바꾸기도 하고, 사랑을 쟁취하기 위해 하루를 무한 반복하기도 한다. 그 덕에 사랑스러운 여인 메리와 결혼도 하게 된다. 그는 이 능력을 과하지도, 부족하지도 않게 활용하며 행복한 삶을 살아간다.

그러던 어느 날, 빌은 청천벽력 같은 소식을 듣게 된다. 그의 아버지가 암 선고를 받은 것이다. 그는 아버지에게 과거로 돌아가 담배를 끊고 암에 걸리지 않게 할 것을 부탁하지만, 아

버지는 거부한다. 담배를 피우는 섹시한 모습이 없었다면 엄마를 유혹하지 못했을 것이라는 엉뚱한 말을 하면서 말이다.

앞의 대사는 심각한 상황 속에서도 늘 유머를 잃지 않는 빌의 아버지가 그가 행복하게 살길 바라며 하는 부탁의 말이다.

지금까지 시간 여행을 다룬 작품들이 많이 있었다. 그런 영화 속 주인공들은 시간 여행을 통해 거대한 사건을 해결하기도 하고 어마어마한 부를 거머쥐었는데, 이와는 대조적으로 〈어바웃 타임〉의 빌과 그의 아버지는 능력이 아까울 정도로 뻔하고 평범한 일상을 택했다.

만약 우리에게 그런 능력이 생긴다면 좀 더 스펙타클하게(?) 사용했을 텐데…… 왜 우리 집안에는 그런 유전이 없는지 안타깝기만 하다.

사람의 욕심은 늘 꼬리의 꼬리를 물고 늘어져 끝을 알 수 없기 마련이다. 그래서 과거의 어느 순간으로 돌아가야만 진정한 행복을 만나게 될지는 의문이다. 빌의 아버지가 그에게 평범한 하루를 다시 살아 보라고 권하는 것을 보면 그도 역시 이와 비슷한 고민을 했던 것 같다.

결국, 빌은 아버지의 조언을 듣기로 한다. 심각한 상황 속에

서도 작은 유머로 분위기를 바꾸고, 스쳐 가는 샌드위치 가게 점원과도 미소를 주고받고, 매일 지나는 공간에서조차 아름다움을 느끼기에 이른다. 그 결과 그는 일상을 다시 바라보며 새로운 감정을 깨닫게 된다. 진정한 행복을 느끼게 된다.

어쩌면 빌의 아버지는 대단한 물질적 풍요보다는 일상의 소소한 행복을 자신의 아들에게 물려주고 싶었던 것은 아닐까.

오직 남자들에게만 유전되는 시간 여행 능력 덕분에 빌과 빌의 아버지는 둘만의 비밀을 공유하게 되었고, 그로 인해 많은 대화를 나누게 되었다. 인생을 살아가는 방법이나 진정한 가치, 사랑, 행복에 대한…… 이것은 세상 모든 아버지들이 자식들과 나누고 싶은 대화 주제일 것이다.

똑같은 하루를 두 번 살 수 있는 사람은 세상에 없다. 그렇지만 현재의 일상을 천천히 다시 느끼고, 그 속에서 행복을 찾아낸다면 굳이 하루를 두 번 살 필요도, 되돌릴 필요도 없을 것이다.

말로만 'Carpe Diem'이라 외치지 말고 진심으로 'Carpe Diem'을 실천해 보자. 그렇다면 시간을 되돌리는 것이 오히려 시간 낭비가 될지도 모른다.

여태까지 최면 때문에 그날 일을
기억 못 한다고 생각한 거예요? 정말?
당신이 그날 일을 기억하지 못하는 진짜 이유가 뭔지 알아?
그건 말이야 그냥 잊어버린거야

영화 '올드 보이' 中

말은 하는 사람보다 듣는 사람이 더 오래 기억한다

〈올드보이, 2003〉
감독 박찬욱
출연 최민식, 유지태, 강혜정

    말은 의사소통에 있어 매우 중요한 수단이다. 우리는 말을 통해 정보를 얻기도 하고, 머릿속의 생각을 형상화시키기도 한다. 말투나 화법은 그 사람의 품위를 드러내고, 같은 말이라도 목소리의 억양, 발음의 강세 위치에 따라 그 의미가 달라지기 마련이다. 이처럼 단순히 공기의 파동이라고 생각할 수 있는 말의 힘은 실로 대단하다.
    여기 흥미로운 사실이 하나 더 있다. 자고로 말은 하는 사람보다 듣는 사람이 더 오래 기억하는 습성을 가지고 있다.

> "여태까지 최면 때문에 그날 일을 기억 못한다고 생각한 거예요? 정말? 당신이 그날 일을 기억하지 못하는 진짜 이유가 뭔지 알아? 그건 말이야 그냥 잊어버린 거야."

매일 대충 수습하며 사는 남자 오대수. 비가 억수 같이 오던 어느 날, 그는 우산만을 남긴 채 감쪽같이 사라진다. 그렇게 사설 감옥으로 끌려간 그는 영문도 모른 채 15년이라는 시간 동안 감금 생활을 하게 된다. 그러다 이유도 모른 채 홀연히 세상으로 돌아오게 된다.

오대수는 자신이 왜 갇히게 되었는지, 왜 다시 풀려나게 됐는지 그 이유를 찾아 헤매기 시작한다.

이 대사는 모든 일을 꾸민 이우진이 사건의 전말을 밝히면서 오대수에게 하는 말이다.

말은 우리의 인생에 많은 자국을 남긴다. 우리는 말을 통해 사람들을 웃게 만들기도 하고, 감동을 주기도 한다. 말이 행복함만 선사한다면 좋겠지만, 안타깝게도 가끔은 치유할 수 없을 정도의 큰 아픔을 주기도 한다. '칼에 베인 상처보다 말에 베

인 상처가 더 아프다'는 말처럼 칼에 베인 상처는 약을 바르고 시간이 지나면 아물지만, 말의 상처는 아주 오랫동안, 어떤 경우는 평생을 가도 낫지 않는다. 여기에는 바를 수 있는 약조차 없는 경우가 많다. 결국, 상처받은 나는 상처를 준 상대를 피하고 미워하게 되는데, 아픔에서 벗어나기 위해 직접 대면하여 따져 물으면 상대는 기억조차 하지 못하는 경우가 허다하다.

오대수의 말이 그랬다. 학창 시절 그는 언어유희로 친구들에게 주목받았고, 화려한 언변으로 상대를 즐겁게 만드는 장난꾸러기였다. 그렇지만 악의를 가지고 수아와 우진의 밀애를 친구 주환에게 전한 것은 아니었다.

하지만 대수의 말은 점점 부풀어 수습할 수 없을 정도로 커졌다. 결국, 수아는 스스로 목숨을 끊었고 우진은 대수에게 복수하기로 결심한다. 아마 대수는 이 일이 자신의 평생을 좌우할 것이라고는 생각조차 하지 못했을 것이다.

우리도 대수처럼 누군가에게 말로 상처 준 적이 있을 것이다. 다만 의도하지 않은 것이기에 상처를 주었다는 사실조차 인지하지 못할 뿐이다. 하지만 그 말을 들은 상대는 그 말의 상처로 인해 오래도록 나를 기억하고 미워할지도 모른다.

    반대로 희망적인 말로 상대에게 꿈을 심어 준 적도 있을 것이다. 그런 경우 우리는 기억하지 못하더라도 당사자는 늘 고마운 마음을 가지고 있을 것이다. 당신은 둘 중에 어떤 사람으로 기억되고 싶은가.

    사람이 말을 하지 않고 살 수는 없다. 실수 역시 하지 않으리라는 보장도 없다. 이때, 조금만 더 신중하게 말을 하고, 상대를 배려하는 마음으로 대화를 이어 간다면 사람들은 나를 복수의 대상보다는 고마운 존재로 기억하지 않을까. 누군가의 기억 속에 어떤 모습으로 남을지는 결국 나의 몫이다.

상처, 고통, 통증
이것들을 사랑하라.

영화 '양들의 침묵 (The Silence Of The Lambs)' 中

상처를 정확히 알아야
고통으로부터
자유로워질 수 있다

⟨양들의 침묵 The Silence Of The Lambs, 1991⟩
감독 조나단 드미
출연 조디 포스터, 안소니 홉킨스

"상처, 고통, 통증 이것들을 사랑하라."

FBI의 훈련 요원 클라리스는 똑똑하고 강인한 정신력을 가진 여자다. 하지만 그런 그녀에게도 기억하고 싶지 않은 트라우마가 있었다.

클라리스는 어린 시절 아버지를 여의고 양을 키우는 목장으로 보내진다. 그러던 어느 날 밤, 어린 양들이 죽는 것을 목격하게 되고 양을 구하기 위해 양을 훔쳐서 무작정 도망친다. 그

러다 얼마 못 가 보안관에게 잡히고 목장으로 돌려 보내진다. 결국, 화가 난 목장 주인은 그녀를 고아원으로 보냈고, 구하고 싶었던 양도 죽음을 맞이하게 된다. 그 후로 그녀는 밤마다 양이 우는 악몽에 시달리게 된다.

앞의 대사는 FBI 요원들이 운동을 하는 훈련장 나무판자에 쓰여 있는 글이다.

여기서 재미있는 것은 주인공 클라리스의 오른팔이 연쇄 살인마라는 점이다. 그녀는 자신이 담당하게 된 연쇄 살인마 버팔로 빌 사건의 범인을 체포하기 위해 과거 명성을 떨친 연쇄 살인마 한니발 렉터 박사에게 도움을 청하게 된다.

엘리트에 심리학자로도 명성이 자자한 렉터 박사는 수사를 도와주는 조건으로 그녀의 개인적인 이야기를 들려 달라고 청한다. 교도소에서의 시간이 무료해서인지, 그녀에게 관심이 있어서인지, 그도 아니면 탈출하여 다음 살인 대상을 그녀로 잡은 것인지는 알 수 없다. 하지만 렉터 박사가 클라리스에게 많은 관심이 있다는 것만은 확실했다.

범죄자에게 개인적인 이야기를 하는 것은 엄격하게 금지되어 있었지만, 사건을 반드시 해결하고 싶었던 클라리스는

자신의 이야기를 들려주고 사건 해결에 관한 조언을 얻는다.

결국, 클라리스는 렉터 박사의 도움으로 버팔로 빌 사건의 범인을 잡게 되고 밤마다 꿈속에서 울부짖는 양들도 침묵하게 만든다.

사실, 클라리스는 자신이 왜 밤마다 양들이 울부짖는 악몽에 시달리는지 알고 있었다. 그래서 피하고 싶었다. 시간을 과거로 돌려 양들의 목숨을 구하지 않는 이상 이 죄책감에서 평생 벗어날 수 없다고 생각했다.

그러다 렉터 박사의 도움과 자신의 노력으로 버팔로 빌 사건의 희생자들을 구함으로써 트라우마도 같이 극복해 냈다. 사건의 희생자들 역시 그녀에게는 구하지 못한 양과 같은 존재들이었던 것이다.

우리는 과거의 아픈 기억은 가급적 떠올리지 않고 살아가려 애쓴다. 가끔가다 과거의 아픔이 생각나 발목 잡는 일이 생기면 애써 그 순간을 모면하고 싶어 한다. 치유보다는 회피를 택한다. 클라리스처럼 말이다.

우리에게는 상처와 고통, 통증을 돌아보고 사랑할 의무가 있다. 그것들이 지금의 나를 만들었다고 생각하면 꼭 나쁘게만 작

용했다고 볼 수는 없다. 과거 이별의 고통은 극단적인 생각을 하게 할 정도로 괴로웠지만, 현재의 내가 더 아름다운 사랑을 하게끔 만들었을 것이다. 무지로 인해 사람들 앞에서 창피를 당했을지언정 그로 인해 배움을 소홀히 하지 않게 되었을 것이다.

어릴 때는 무의식중의 상처와 고통, 통증을 돌아보며 자신을 사랑하고 성장시켜 가지만, 나이가 들면서는 이것들이 점점 어려워진다. 그러니 이제부터는 의식적으로라도 과거로 돌아가 자신의 상처, 고통, 통증을 사랑하고 보듬어 보면 좋겠다.

그렇게 되면 적어도 연쇄 살인마의 도움까지는 받지 않아도 될 테니 말이다.

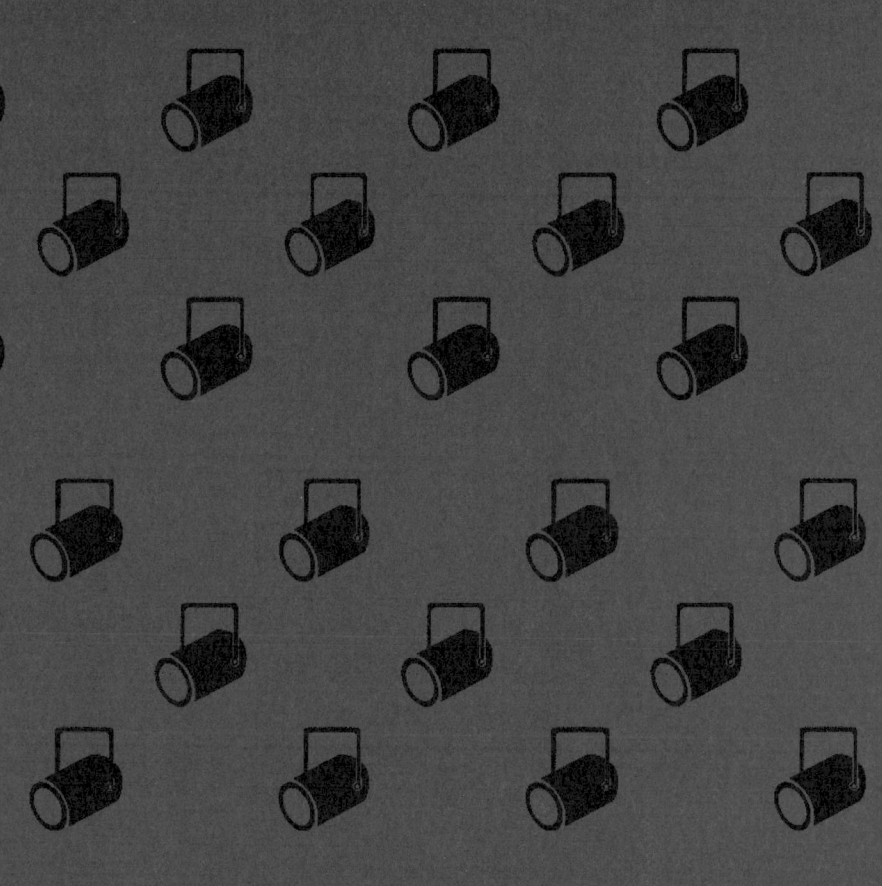

결혼'식'보다 중요한 것은 결혼 '생활'

〈러브 어페어 Love Affair, 1994〉
감독 글렌 고든 카슨
출연 워렌 비티, 아네트 베닝

본래 결혼은 사랑과 신뢰를 바탕으로 두 개의 삶을 하나로 합쳐 함께 영위하고 지켜내기로 한 사회적 승인 관계를 말한다. 법적으로 혼인 관계가 성립되면 두 사람에게는 많은 책임이 뒤따르는데, 요즘은 시대의 흐름에 따라 그 형태와 의미가 많이 달라졌다.

최근에는 결혼 자체가 사회적 필요에 의해 만들어진 제도일 뿐이며 인간의 권리를 상당수 침해한다고 생각하는 사람들까지 생겨났다. 그들은 결혼은 필수가 아닌 선택이며 머지않아 결혼

이라는 제도조차 사라질 것이라 말하기도 한다.

"원하는 것을 가졌다고 행복하다고 생각하는 것은 철없는 생각이야. 인생의 묘미는 원하는 걸 얻는 것보다 그것을 얻은 후에도 계속 원할 수 있는가에 있어."

유명한 풋볼 선수 출신의 바람둥이 마이클은 비행기 안에서 우연히 테리라는 매력적인 여자와 만나게 된다. 이때, 마이클의 명성을 익히 알고 있던 테리는 좀처럼 마이클과 가까워지려 하지 않는다.

하지만 대화를 나눠 본 마이클은 생각보다 좋은 사람이었고, 테리는 그에게 점차 마음을 열기 시작한다.

이 대사는 테리가 마이클의 숙모를 만나러 갔을 때 숙모가 그녀에게 한 말이다.

사실, 결혼에 있어 중요한 것은 '식'이 아니라 '생활'이다. 결혼식을 올리는 행위 자체보다 이후 어떤 생활을 해 나가느냐가 더 중요하다.

그럼에도 결혼을 위한 준비 과정은 식 당일에 모두 맞춰져 있다. 혼수, 예단, 폐백 등 챙기고 생각할 것들이 얼마나 많은지 평균적으로 꼬박 6개월은 준비해야 한다. 그 과정에서 갈등이 생기면 싸우다 끝내는 헤어지기도 한다. 결혼 생활을 시작하기도 전에 준비 단계에서 너무 많은 에너지를 소모한 탓이다.

살면서 나의 인생을 함께 나누고 싶은 사람을 만난다는 것은 참으로 큰 행운이다. 거기에 그 사람과 결혼까지 하게 된다면 그것은 행운을 넘어서 기적과도 같은 일이다. 그런데 그 사람과 앞으로 함께 걸어갈 날들을 설계하고 논의하기도 전에 결혼식이라는 장애물로 인해 헤어짐을 맞이한다면 이보다 안타까운 일이 어디 있을까.

그런 면에서 숙모는 마이클이 결혼 자체보다는 그 이후의 삶이 행복하기를 바란 것 같다. 계속 함께하고 싶고 사랑할 수 있는 사람과 만나 결혼하기를 바랐다. 그러면서 백조가 일부일처제를 실천하는 동물이고, 오리는 끊임없이 바람을 피우는 동물이라 말하며 거기에 마이클을 비유했다. 자신이 백조인 줄 모른 채 미운 오리 새끼로 살아가는 마이클이 안타깝다고 했다.

그 점에서는 숙모의 말이 옳았다. 마이클은 자신이 오리인

줄 알았지만, 테리를 만나면서 백조임을 깨닫게 된다. 그러면서 어떠한 시련과 고난이 닥치더라도 함께 헤쳐 나가고 사랑할 수 있는 평생의 반려자가 테리임을 알게 된다.

둘은 오해하고, 갈등하고, 싸우면서 치유할 수 없는 상처를 주고받았지만 전혀 중요하지 않았다. 모든 것을 제쳐 두고라도 함께하고 싶고 어떤 시련이 닥쳐도 사랑할 수 있는 서로가 있었기 때문이다.

그런 마이클과 테리에게 결혼식은 중요하지 않았을 것이다. 행복이 보장된 결혼 생활이 기다릴 테니 말이다. 숙모가 바라던 바로 그 결혼 생활 말이다.

마이클의 인생이 행복하기를 바라는 숙모의 바람이야 말로 인생의 진정한 가르침이며, 그런 가르침을 준 숙모는 마이클의 든든한 오른팔이 아닐까.

아버지를 사랑했나요?
증거를 대 봐요.

영화 '콘택트 (Contact)' 中

눈에
보이지 않는 것을
믿어라

〈콘택트 Contact, 1997〉
감독 로버트 저메키스
출연 조디 포스터, 매튜 맥커너히

우리가 살고 있는 지구에서는 신기한 일들이 자주 발생한다. 계절이 저절로 바뀐다거나, 달이 해를 가린다거나 하는 그런 일들 말이다. 과학은 이러한 현상들을 논리적이고 이성적으로 설명한다.

그렇다면 과학자들은 세상의 이런 현상들을 모두 설명할 수 있다고 믿는데, 과연 그럴까?

"아버지를 사랑했나요? 증거를 대 봐요."

앨리는 어린 시절부터 과학에 관심이 많았다. 어머니는 일찍 돌아가셔서 얼굴도 모르고 자랐지만, 아버지가 어머니의 빈자리를 느끼지 못하도록 돌봐 주었다. 그것도 잠시, 아버지는 앨리가 9살이 되던 해 갑작스런 심근 경색으로 세상을 떠나게 된다.

부모도 없이 세상에 혼자가 되었지만, 앨리는 자신의 꿈을 포기하지 않았다. 열심히 공부했고 그 덕에 과학자가 되었다.

거대한 우주에는 지구 외에도 지적 생명체가 있으리라는 믿음을 가지고 열심히 연구에 매진하던 앨리는 베가성으로부터 메시지를 받게 되고, 그곳으로 떠나기 위한 프로젝트를 진행한다.

이 대사는 신의 존재를 믿는 신학자 팔머가 앨리에게 세상의 모든 현상이 증거를 가지고 있지는 않음을 이야기하기 위해 한 말이다.

앨리는 도덕적이고 진실한 사람이다. 그 탓에 가끔은 고지식해 보이기도 하지만, 그녀가 진실하다는 것은 누구도 부인할 수 없었다. 그 결과, 그녀는 자신의 진실함만큼이나 세상도 그럴 것이라 생각했다. 모든 현상에는 진실과 명확한 답이 있다고 믿었다. 과학을 좋아하는 이유 역시 그래서였다.

   반면에 종교인이었던 팔머는 세상의 모든 일을 논리적으로만 설명할 수는 없다고 생각했다. 그래서 그녀에게 그런 질문을 던진 것이다.

   누군가를 사랑하는 데 증거를 댈 수 있다면, 그 사실이 사라졌을 때도 사랑이 여전하다고 할 수 있을까. 혹 그 사람을 사랑할 이유도 함께 사라져 버린 것은 아닐까. 반대로 사랑의 증거를 대지 못한다는 것은 아무런 이유 없이도 상대를 사랑한다고 볼 수 있지 않을까.

   어떠한 현상이 벌어졌을 때 과학은 그것을 설명하기 위해 무수히 많은 공식과 논리들을 적용하지만, 작은 변수나 오차가 생길 경우 정답과는 거리가 먼 결과를 내놓기도 한다.

   하지만 믿음과 신념은 정답이 아니라는 수많은 논리 속에서도 내가 원하는 곳으로 향하도록 도와준다. 이것이 바로 세상의 모든 일을 논리적으로 설명할 수 없는 이유이다.

   앨리는 자신의 인생을 걸고 과학자로서 모든 현상의 증거를 쫓아다녔지만, 결국 그녀가 베가성에 가고 싶었던 이유는 자신이 누구인가에 대한 답을 찾기 위해서였다. 이 질문은 과학적으로는 절대 정답을 알 수 없는 철학적인 문제이다.

 운이 좋게도 앨리는 베가성을 다녀오고 나서 그 답을 깨닫게 되지만, 사람들은 그녀가 보고 듣고 느낀 것을 믿지 않았다. 그들이 원하는 과학적 논리가 아니었기 때문이다.

 하지만 팔머는 누구도 믿지 않는 앨리의 말을 온전히 믿어주었다. 그리고 그녀가 아버지를 사랑하는 이유를 온전히 느끼게 되었다.

 때로는 눈에 보이는 것보다 보이지 않는 것이 더 큰 힘을 갖는다. 그것이 비록 얼토당토 않는 논리를 가졌을지라도 말이다.

누구한테서라도
'넌 할 수 없어'라는 소리를
들어서는 안 돼.
아빠한테서도 말이야 말겠지?
꿈이 있다면 그걸 지켜야 돼. 남들이 '넌 못 해'하면 넌 정말 할 수 없다고 생각하게 돼.
원하는 게 있다면 쟁취해봐, 반드시.

영화 '행복을 찾아서 (The Pursuit of Happyness)' 中

행복을 만드는 노력

〈행복을 찾아서 The Pursuit of Happyness, 2006〉
감독 가브리엘 무치노
출연 윌 스미스, 제이든 스미스

'누구에게는 오고, 누군가에게는 오지 않는 것.'
'언제 올지 혹은 언제 사라질지 모르는 것.'
'나는 갖지 못했는데 남이 가지면 배 아픈 것.'

바로 '행운'이다. 언제, 어떻게, 어떤 모습으로 찾아올지 모르는 행운을 우리는 몹시도 기다린다. 그러면서 꼭 한 번은 내 인생에도 찾아오리라고 믿는다.

베일에 싸여 모습을 감춘 행운. 확실한 것은 그는 용감한 사람을 좋아한다는 것이다.

"누구한테서라도 '넌 할 수 없어'라는 소리를 들어서는 안 돼. 아빠한테서도 말이야, 알겠지? 꿈이 있다면 그걸 지켜야 돼. 남들이 '넌 못해' 하면 넌 정말 할 수 없다고 생각하게 돼. 원하는 게 있다면 쟁취해, 반드시."

경제난에 허덕이던 1980년대 미국 샌프란시스코, 휴대용 골밀도 검사기를 판매하고 있는 크리스 가드너는 아내 린다와 어린 아들 크리스토퍼와 함께 살고 있다.

큰 성공을 기대하고 전 재산을 털어 구입한 검사기는 좀처럼 팔리지 않고, 크리스의 가족은 생활고에 시달리게 된다. 린다 역시 밤낮으로 일하며 생활비를 벌어 보지만, 생활은 좀처럼 나아질 기미를 보이지 않는다.

결국, 린다는 크리스 곁을 떠나고 크리스는 아들 크리스토퍼를 데리고 노숙인 숙소를 전전하며 주식 중개인이 되기 위해 애쓴다. 그는 대학을 다니지도 그렇다고 좋은 환경에서 공부를 할 수 있는 여건도 아니었지만, 불굴의 의지로 인턴 생활

을 마친 뒤 마침내 주식 중개인이 된다. 이 대사는 아들 크리스토퍼와 농구를 하며 그가 건넨 말이다.

아마 크리스는 자신에게 하고 싶었던 말을 아들에게 건넨 것 같다. 사실, 크리스는 학력이 높지도 않았고 든든한 뒷배경이 되어 줄 사람이 있는 것도 아니었다. 오히려 누구 하나 도움의 손길을 건네지 않는 외로운 사람에 가까웠다.

하지만 그는 진실했고 유머러스했으며 행복을 찾기 위해 매일 열심히 노력했다. 그럼에도 어떨 때는 행복이 너무 멀리 있어 닿기 어려운 존재로 느껴질 때도 있었다. 그럴 때마다 크리스는 속으로 되뇌었을 것이다.

'꿈이 있다면 그것을 지켜야 돼, 원하는 것이 있다면 쟁취해야 해.'

그러다 모든 것을 놓아 버리고 싶은 순간, 기회란 녀석이 모습을 드러냈고, 용감한 크리스는 절대 이를 놓치지 않았다.

크리스가 주식 중개인이 되었을 때 우리는 그에게 진심 어린 박수를 보냈다. 그가 얼마나 힘들게 버텨 꿈을 이루었는지, 몇 번을 참은 끝에 그 자리에 섰는지 알고 있었기에.

우리는 성공한 사람들을 바라볼 때, 현재의 성공한 모습만 보

고 그를 닮고 싶어 한다. 그가 그 자리에 서기까지 얼마나 많은 시행착오를 겪고, 고된 나날들을 보냈는지는 별로 생각해 보지 않는다. 그러다 나중에 그의 성공 이면에 가려진 고통을 알고, 너무 쉽게 성공을 바라고 기회를 기다렸음에 반성하게 된다.

혹시 누군가에게 '너는 할 수 없어'라는 말을 들어 본 적이 있는가. 혹 그렇게 말한 사람이 자기 자신은 아니었는가.

힘들 것 같다는 자기 합리화로, 현실이 꿈을 좇을 수 없는 상황이라는 핑계로 꿈을 미루고 묻어 둔 것은 아닌지 크리스를 떠올리며 다시 한 번 생각해 보자.

허면

진짜

왕이 되시던가.

영화 '광해, 왕이 된 남자' 中

진짜보다
더 진짜 같은
가짜

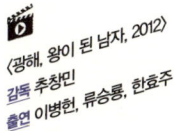

〈광해, 왕이 된 남자, 2012〉
감독 추창민
출연 이병헌, 류승룡, 한효주

고대 이집트에서 왕은 국가를 잘 경영하기 위해 필수적으로 수학을 공부해야 했다. 농업으로 국가 재정을 주로 충당했기 때문이다. 특히, 나일 강이 자주 범람하여 땅의 경계가 무너져 국민들이 곤란을 겪는 일이 많았는데, 그럴 때마다 백성들은 왕을 찾아와 자신들의 땅을 찾아 달라고 요구했다. 허물어진 경계를 바로잡아 공평하게 토지를 배분하는 일은 왕에게 아주 중요했고, 그러기 위해서는 수학에 뛰어나야 했다.

비단 이집트에서만 수학이 중요했던 것은 아니다. 프랑스의

황제 나폴레옹Napoleon 역시 전쟁에 앞서 수학 학교를 건설하여 국가 안보에 힘썼으며, 제2차 세계 대전 당시 미국은 히틀러를 피해 망명한 많은 수학자들을 받아들여 초강대국으로 급부상했다. 조선의 세종대왕 역시 마방진이라는 수학 퍼즐 속에서 정치의 길을 찾았다고 한다.

특히 수학적 지식은 왕에게 '공평함'을 의미하는데, 거기에는 없는 자들에게 빼앗은 것으로 가진 자들의 배를 불린다는 의미는 없다. 세상 어디에도 그런 계산법은 존재하지 않는다.

"허면 진짜 왕이 되시던가."

조선의 15대 왕 광해는 자신이 궁을 비웠을 때 자기 자리를 지킬 꼭두각시가 필요했는데, 때마침 그와 꼭 닮은 외모로 남의 언행을 곧잘 따라하는 광대 하선이 눈에 들어오게 된다. 결국, 하선은 왕 연기로 푼돈이나 벌어 볼까 하고 궁으로 들어가게 된다. 그런데 왕이 갑자기 독에 중독되어 쓰러지는 바람에 하선은 보름간 진짜 광해가 되어야 했다.

이 대사는 왕보다 더 왕처럼 백성을 사랑하고 나라를 위하

는 하선을 본 허균이 그에게 건네는 말이다.

영화는 〈승정원일기〉에 15일의 기록이 사라졌다는 데서 시작된다. 15일의 기록이 사라졌다 사라지지 않았다 말이 많지만, 이것은 중요한 것이 아니다. 중요한 것은 '역사에 기록되지 않은 진정한 왕'이 존재했다는 사실이다.

신분도 천하고 배우지 못한 하선은 절대로 '진짜 왕'이 될 수 없는 사람이었다. 짐작건대 그가 며칠 동안 왕으로 살면서 누린 호사는 평생에 누릴 호강을 다 합쳐도 그에 미치지 못할 것이다.

그렇다면 왕족과는 거리가 멀어도 한참 먼 하선이 어떻게 왕보다 더 왕 같은 왕이 될 수 있었을까. 여러 요인이 있겠지만, 살면서 보고 들은 풍부한 경험과 그것들을 향한 진심 덕이 아니었을까.

우리는 살면서 종종 딜레마에 빠진다.

'대의大義를 위한 소수의 희생은 옳은 것일까?'

'나쁜 행동이 부른 복수는 나쁜 것일까?'

이런 딜레마 속에서 옳고 그름을 판단하기란 쉽지 않다. 그렇기 때문에 법이라는 것을 만들어서 지키기로 약속했는데, 법이라는 것이 때로는 기득권자들에게 유리하게 작용하기도 한다.

그렇다면 기득권자들은 자신들의 배만 불리려고 법을 만든 것일까. 혹 자신들 외에 다른 삶은 경험해 보지 못해 민중의 정확한 의사를 반영할 수 없었던 것은 아닐까.

예로부터 왕은 하늘이 내린 존재였다. 금수저를 물고 태어난 사람만이 왕이 될 수 있었다. 태어나는 날부터 고귀한 왕족으로 태어난 이들이 보지도 듣지도 못한 민중들의 삶을 알기란 애초에 불가능했을 것이다.

그런 점에서 하선은 민중들의 삶을 잘 알고 있었다. 그 덕에 백성을 위한 정치를 펼칠 수 있었고, 오랜 시간 정치인으로 살아온 허균조차 그의 엉뚱한 정치에 마음이 동요되고 말았다. 그가 진짜보다 더 진짜 같은 왕이 될 수 있었던 이유도 바로 여기에 있었다.

현재 우리에게는 왕을 뽑을 권리가 생겼다. 그 권리는 세상을 평화롭고 살기 좋게 만드는 데 크게 기여한다. 주어진 권리와 의무를 다해 이 사회를 깨끗하게 만든다면 우리야말로 왕의 진정한 오른팔이 아닐까 싶다. 영화 속 허균처럼 말이다.

재능을 늦은 나이에
발견한 사람들이에요.

실베스터 스탤론은 음식점 종업원이었고,
로드니 데인저필드는 철물점을 하다가 역사상 최고의 코미디언이 됐어요.
앨런 릭먼은 48세 전까지는 역할도 못 맡았대요.
수잔 보일은 46세였고, 로라 잉걸스 와일더는 《초원의 집》을 65세에 썼어요.

영화 '한 번 더 해피엔딩 (The Rewrite)' 中

재능이 없는 사람은 없다

〈한 번 더 해피엔딩The Rewrite, 2014〉
감독 마크 로렌스
출연 휴 그랜트, 마리사 토메이, 앨리슨 제니, J.K.시몬스

자녀를 망치는 말 중에 이런 말이 있다.

"우리 애가 머리는 좋은데 공부를 안 한다."

이 말을 듣고 자란 아이들은 자신의 머리가 좋기 때문에 공부를 안 해도 된다고 생각하거나, 조금만 노력하면 잘할 수 있으니 지금 당장 하지 않아도 된다고 생각하기 쉽다. 그러다 보면 점점 뒤처지고 나중에는 따라잡기 힘든 지경에 이르고 만다.

물론, 정말 머리가 좋을 수도 있고 재능을 가지고 있을 수도 있다. 하지만 그것이 과연 그렇게 중요할까?

"재능을 늦은 나이에 발견한 사람들이에요. 실베스터 스탤론은 음식점 종업원이었고, 로드니 데인저필드는 철물점을 하다가 역사상 최고의 코미디언이 됐어요. 앨런 릭먼은 48세 전까지는 역할도 못 맡았대요. 수잔 보일은 46세였고, 로라 잉걸스 와일더는 《초원의 집》을 65세에 썼어요."

〈잃어버린 낙원〉이라는 영화로 아카데미 각본상을 수상했던 키스. 이제 그에게는 왕년에 잘나갔다는 영광뿐, 더 이상 작가로서의 메리트는 없었다. 하는 일이라고는 빙엄턴이라는 소도시의 국립 대학에서 시간 강사로 일하는 것이 전부였다.

선생이라는 직업은 현직에서 밀린 루저Loser들이나 하는 일이며, 글 쓰는 것은 타고난 재능을 가진 이들만 할 수 있다고 생각했던 키스는 자신이 이런 작은 도시에서 인생의 2막을 맞이하게 될 줄은 꿈에도 몰랐다.

이 대사는 재능을 가진 사람만이 성공할 수 있다고 주장하는 키스에게 아이가 둘이나 딸린 만학도이자 친구인 홀리가 그

의 논리에 반박하며 하는 말이다.

키스는 자신의 수업에 들어오려는 학생들을 오직 외모로만 선발했다. 어차피 글 쓰는 재능은 타고나야 하기에 배워도 소용없으니 수업을 듣는 이가 누구여도 상관없었다. 그러던 그가 수업을 진행하고, 학생들을 알아 가며 조금씩 생각이 바뀌게 된다. 생각을 나누고 의견을 공유하면서 학생들의 성향을 알아 가고, 그들 모두 글을 쓸 수 있는 재능이 있음을 깨닫게 된다.

어쩌면 실베스터 스탤론이나 로드니 데인저필드, 앨런 릭먼은 연기에 재능이 없었는지도 모른다. 그럼에도 그들이 훌륭한 배우가 될 수 있었던 것은 자신이 하고 싶은 일에 매진해서 최선을 다했기 때문이다.

반대로 키스는 자신은 글을 쓸 수 있는 재능을 타고났기에 최선을 다하지 않아도 얼마든지 좋은 작품을 탄생시킬 수 있으리라 자만했다. 그 결과, 아카데미 각본상의 영광을 가져다 준 〈잃어버린 낙원〉 외에는 제대로 된 작품을 만들어 내지 못했다.

우리는 어떨까. 충분한 재능을 가지고 있으니 남들처럼 노력하지 않아도 좋은 결실을 맺을 수 있으리라 착각하고 있지는 않은가. 잠들어 있던 재능들이 한순간에 발휘되어 빛을 발

할 때가 있으리라고 철석같이 믿고 있지는 않은가.

물론, 사람들은 모두 잠재적 재능이 있다. 중요한 것은 그 잠재력이 영원히 발굴되지 않을 수도 있다는 점이다. 고대 유물처럼 수천 년 후에나 후손들의 손에 발견될 수도 있다. 만약, 그런 재능을 가졌다면 당장 눈에는 보이지 않더라도 열심히 노력한다면 결과는 얼마든지 달라질 수 있지 않을까.

이제 키스는 또 한 번의 대작을 탄생시킬 수 있을 것이다. 빙엄턴에 적응하도록 도와주고, 재능보다 더 중요한 것이 있음을 일깨워 준 오른팔 홀리가 있으니 말이다.

그럼 그만 둬, 그만 두라고.
5분 안에 널 대신할 다른 여자를 구할 수 있어.
그것도 간절히 원하는 사람으로.
넌 노력하지 않아.
넌 징징대는 거야. 정신차려.

영화 '악마는 프라다를 입는다 (The Devil Wears Prada)' 中

당신이
열심히 하지 않는
이유

🎬 〈악마는 프라다를 입는다The Devil Wears Prada, 2006〉
감독 데이빗 프랭클
출연 앤 해서웨이, 메릴 스트립

    1913년 마리오 프라다와 마르티노 프라다 형제에 의해 설립된 명품 브랜드 '프라다'는 설립 초기부터 고급 가죽 제품들과 수공예품으로 상류층의 인기를 끌었다. 이후 손녀 미우치아 프라다가 사업을 이어받아 낙하산을 만들 때 쓰는 포코노 나일론을 활용한 클래식 핸드백을 선보이면서 제2의 전성기를 맞이하게 된다.

    프라다가 오랜 시간 많은 이들에게 명품으로써 사랑받는 이유는 전통만 고집하지 않고 과감하면서도 진취적인 발상을 담

아내기 때문이 아닐까.

> "그럼 그만둬, 그만두라고. 5분 안에 널 대신할 다른 여자를 구할 수 있어. 그것도 간절히 원하는 사람으로. 넌 노력하지 않아. 넌 징징대는 거야. 정신 차려."

저널리스트를 꿈꾸는 앤디. 명문대 출신의 똑똑하고 수상 경력도 있는 그녀이지만, 취업만큼은 하늘에 별을 따는 것처럼 쉽지가 않다. 그런 그녀에게 유일하게 기회를 준 곳이 있었으니 바로 세계 최고의 패션 잡지사 런웨이다.

패션과는 거리가 아주 먼 앤디였지만 그녀는 최선을 다해 악마보다 더 악마 같은 상사 미란다의 비서직을 수행하기 위해 노력한다.

하지만 미란다의 비위를 맞추기란 보통 어려운 것이 아니었다. 결국, 불가능한 일을 해내지 못했다는 이유로 갖은 모욕을 들은 앤디는 회사 내 유일한 친구인 나이젤에게 설움을 쏟아 내기에 이른다.

이 대사는 그때 나이젤이 그녀에게 한 조언이다.

앤디가 발을 들여놓은 런웨이는 프로 중에서도 프로들만 간신히 살아남을 수 있는 아주 살벌한 곳이었다. 그녀 역시 그곳에서 살아남기 위해 밤낮없이 미란다의 오른팔이 되어 일했지만, 좀처럼 미란다의 마음에 들지 못했다. 왜일까. 수없이 많은 비서들을 부려 본 미란다 눈에 그녀가 전문성이 부족한 사람으로 보였던 것일까.

사실, 앤디가 정말 하고 싶었던 일은 패션 잡지의 편집장 비서가 아니라 기자였다. 언제든 다른 신문사에서 뽑아 주기만 하면 한달음에 달려가 일할 준비가 되어 있었다. 그렇기 때문에 그녀에게 런웨이는 그저 잠시 거쳐 가는 과정일 뿐이었다.

그러니 남들과 똑같이 일하고는 있지만, 마음속에 다른 꿈을 품고 있는 앤디가 미란다의 성에 찰 리 없었다. 미란다야말로 런웨이에 맞춰진 프로 중에 프로였으니.

같은 일, 같은 과정을 거쳐 하더라도 어떤 마음가짐으로 하느냐에 따라 결과는 천지 차이다. 진심으로 이루고자 하는 일을 할 때는 불가능한 일이라 할지라도 가능한 방법을 찾아내지만, 반대로 그렇지 않은 일일 때는 귀찮지 않을 정도로만 해

서 일이 잘 마무리되길 바란다.

그렇다면 우리의 모습은 어떨까. 현재 하고 있는 일 역시 돈 벌이 수단일 뿐이니 귀찮지 않을 정도의 선으로만 하고 있는 것은 아닐까. 만약 그렇다면 프로인 선배들은 그런 나를 한눈에 알아봤을 수도 있다.

지금 하는 일에서 성공하고 싶다면 스스로 인정할 수 있을 정도의 전문성을 갖춰 보자. 모든 일은 마음가짐에서부터 시작되니까!

아가씨가 매일 입을 옷을 고르는 것처럼
생각을 고르는 법도 배워야 해.

영화 '먹고 기도하고 사랑하라 (Eat Pray Love)' 中

인생은
내가 생각하는 대로
흘러간다

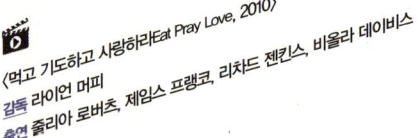
〈먹고 기도하고 사랑하라 Eat Pray Love, 2010〉
감독 라이언 머피
출연 줄리아 로버츠, 제임스 프랭코, 리차드 젠킨스, 비올라 데이비스

    티베트 불교의 수장이자 티베트 망명 정부의 실질적인 지도자인 달라이 라마Dalai Lama는 티베트에서 영향력이 아주 막강한 정신적 지주이다. 엄격한 과정을 거쳐 선발된 그들은 일생에 걸쳐 인간의 참됨과 세상의 평화, 삶의 진리 등을 몸소 실천한다. 그들은 인간의 행복이란 물질이 아닌 정신에서 찾아야 하며 생각에 따라 인생이 달라진다고 힘주어 말한다.

    만약, 지금 당신이 행복하지 않다면 어디서부터 생각을 다시 해야 하는지, 어떤 방향으로 생각을 바꾸어야 하는지 재고

해 볼 필요가 있다.

"아가씨가 매일 입을 옷을 고르는 것처럼 생각을 고르는 법도 배워야 해."

좋은 집, 잘생긴 남편, 남들이 부러워하는 직업을 가진 리즈는 똑똑하고 사랑스러운 여자다. 그러던 어느 날 갑자기, 현재의 삶에 염증을 느끼게 된다. 결국, 그녀는 무작정 가방을 챙겨 이탈리아, 인도, 발리로 여행을 떠나 그곳에서 자신을 되찾고 진정한 행복을 발견하게 되기를 고대한다.

이 대사는 인도에서 만난 까칠한 수행자 리차드가 수행에 집중하지 못하는 리즈에게 던지는 뼈딱한 말이다.

작가의 실제 경험을 바탕으로 만들어진 이 영화는 바쁜 일상에 치여 사느라 진정한 자아에 대해 생각할 겨를이 없는 현대인들에게 휴식을 선물한다.

리즈는 관광이 아닌 여행을 하기 위해 집을 떠나왔다. 여기서 여행이란 진정한 자아를 찾기 위한 내면의 탐구를 의미한다. 그녀가 현실을 모두 던져 버리고 떠난 데는 발리의 점술사가 크게

한몫했다. 머리가 아닌 마음으로 세상을 보라는 조언을 들었기 때문이다. 삶의 행복을 담당하는 것은 마음인데 지금껏 머리로 행복을 찾으려 했던 것은 아닌지 생각하게 되는 대목이다.

사실, 겉만 보면 리즈는 전혀 외롭지 않은 사람이었다. 남편도 있고, 별거 중에 만난 남자 친구도 있었다. 그녀의 마음을 헤아려 주는 심리학자 친구도 있었고, 그녀를 반겨 주는 파티 역시 늘 존재했다.

그럼에도 그녀는 외로웠다. 자신이 누구인지, 진정으로 원하는 삶이 무엇인지 몰랐기 때문이다. 이런 공허함은 주변의 그 무엇으로도 채워지지 않는 짙은 외로움이었다.

외로움이라는 감정의 역사는 그리 깊지 않다. 태어날 때부터 신분이 정해져 있던 과거에는 삶이 이렇게 외롭지 않았다. 정해진 신분으로 인해 자신의 앞날을 대충이나마 알 수 있었다. 그러니 정해진 범위 안에서 관계를 맺고 살아가면 그만이었기에 현대인들처럼 자신의 앞날 혹은 인간관계를 고민하느라 많은 시간을 보내지 않아도 됐다.

하지만 현대로 넘어오면서 신분 제도가 없어지자 삶에 대한 기대치가 올라갔고, 원활해진 인간관계 속에서 배제되었다고

느끼는 순간 상대적 박탈감은 더 커져 외로움이 더 강해졌다.

리즈 역시 외로움을 극복하기 위해 많은 노력을 기울였다. 실컷 먹었고, 기도했으며, 사랑하기도 했다. 그럼에도 그녀는 자신을 통제할 수 없었다. 그때, 리차드가 일침을 가한다. 여기저기에 휘둘리지 않도록 정신을 차려야만 자신의 인생을 통제할 수 있다고 조언한 것이다.

우리 몸의 근육도 자주 쓰는 근육이 더 발달하는 것처럼 정신도 마찬가지다. 자주 사용하는 부분에 생각의 근육이 더 생긴다. 부정적인 생각의 끝에는 부정적인 결말이 기다리고, 긍정적인 생각 끝에는 긍정적인 결말이 기다린다. 결국, 인생은 생각하는 대로 흘러가 자국을 만드는 법이니까.

기왕 흘러갈 자국을 만든다면 자신을 제대로 통제해 긍정적인 흔적을 남기는 것이 좋지 않겠는가. 자신이 입을 옷을 매일 고르는 것처럼 나를 행복하게 만드는 생각도 함께 골라 보자.

너를 죽게 하는 것은 물이 아니라
두려움이란다.

영화 '라이프 오브 파이(Life of pi)' 中

천적이 있어야
더 강해질 수 있다

〈라이프 오브 파이Life of Pi, 2012〉
감독 이안
출연 수라즈 샤르마, 이르판 칸

    343개의 섬으로 이루어진 필리핀 남동쪽 캐롤라인 제도의 팔라우는 환상적인 수중 세계로 지상낙원이라 불릴 정도로 아름다운데, 여기에는 해파리 호수라는 곳도 있다. 해파리에는 독성이 있어 물놀이 중 만나게 되면 피해야 한다고 알려져 있지만, 이곳의 해파리는 그렇지 않다. 오랜 시간 동안 천적이 없었던 탓에 독성이 사라져 버렸기 때문이다.

    이처럼 지구상에 존재하는 대부분의 생명체들에게는 천적이 있다. 그 덕에 번식을 제한하고 피라미드 구조의 먹이 사슬

도 균형도 이룰 수 있었다.

그렇다면 우리의 천적은 누구일까?

"너를 죽게 하는 것은 물이 아니라 두려움이란다."

파이는 조금 특별한 아이다. '피신 몰리토 파텔'이라는 수영장의 이름을 따 만든 이름이 싫어 스스로를 '파이'라고 줄여 말하는가 하면, 한 번에 여러 신을 모시기도 하고, 호랑이 리차드 파커와 친구가 될 수 있다고 생각한다.

파이의 아버지는 동물원을 운영했는데, 정부에서 동물원 땅을 반환할 것을 요구하자 배에 동물들을 실어 캐나다로 이민을 떠나기로 한다. 그러던 중 예기치 못한 태풍으로 배가 침몰하고, 작은 구명정에 파이와 호랑이 리차드 파커만 남게 된다. 그렇게 둘은 생존을 위한 여행을 이어 나가게 된다.

이 대사는 파이에게 수영을 가르쳐 준 아버지의 친구 마마지가 그에게 건넨 인생철학이다.

생태계의 먹이 사슬을 살펴보면 이렇다. 귀뚜라미의 천적은

개구리이고, 개구리의 천적은 뱀, 뱀의 천적은 독수리이다. 하늘의 왕이라 불리는 독수리는 천적이 거의 없다고 하지만, 집단생활을 하는 다른 새들의 공격을 받으면 목숨을 잃기도 한다.

이처럼 곤충은 식물을 먹고, 동물은 곤충을 먹고, 그 동물은 결국 사람에게 잡아먹힌다. 어떤 관점에서는 생명을 죽이는 것이 잔인해 보일 수도 있지만, 이런 천적 관계가 없다면 현재의 생태계는 존재할 수 없을 것이다.

천적은 생태계를 유지시키는 아주 중요한 요소이다. 생명체 한 종류만 사라져도 우리는 전혀 다른 미래를 맞이하게 된다. 영화 〈타임코드〉처럼 말이다.

그렇다면 인간의 천적은 무엇일까? 공룡은 이미 수만 년 전에 멸종되었고, 과학 기술의 발달로 맹수들은 이제 인간의 천적이 되지 못한다.

여기서 파이의 천적은 호랑이 리차드 파커이다. 배가 고프면 파이조차 먹어 치울 수 있는 리차드가 구명정에 떡하니 자리 잡고 있는 탓에 파이는 한시도 편안할 수 없었다. 그는 리차드만 없었다면 아무도 없는 평온한 바다에서 평화로운 시간을 보냈을 것이라고 말한다.

　그러면서도 막상 리차드를 죽일 수 있는 기회가 오자 죽이지 않고 살려 둔다. 그리고 깨닫는다. 리차드가 곁에서 긴장감을 조성하지 않았다면 자신은 벌써 바다에서 죽었음을.

　천적이라는 존재가 그렇다. 생명을 위협하는 측면도 있지만, 그 탓에 한 뼘 더 성장하고 강해질 수 있다. 파이에게는 리차드가 그런 존재였다.

　영화 후반부를 보다 보면 어딘가 모르게 결말이 묘하게 흘러간다. 결국, 파이가 뭍에 닿아 목숨을 구하고 선박 회사 사람들의 요청에 따라 여행의 시작부터 끝까지 모두 말해 주지만, 누구도 그의 이야기를 믿지 않는다. 그러면서 믿을 수 없는 동화 같은 이야기가 아닌 믿을 만한 진실을 요구한다.

　결국, 그는 동물들을 사람에 비유해 다시 이야기를 들려준다. 이때, 그는 리차드 파커를 자신으로 표현한다. 자신을 살게 한 천적이 바로 자기인 것처럼.

　어떤 이야기가 진실인지 우리로서는 알 길이 없다. 정말 리차드 파커라는 이름을 가진 호랑이가 존재했는지, 아니면 그것이 파이 자신이었는지……. 분명한 것은 그 존재가 파이를 살렸다는 점이다.

    나를 위협하는 한편 성장하게 만드는 존재, 끝까지 나와 함께하는 존재인 천적. 그렇다면 우리의 천적은 누구일까. 나를 미워하는 직장 상사? 해도 해도 끝이 없는 업무? 그도 아니면 파이처럼 나의 천적은 내가 아닐까……

Welcome to the United State. Almost.
(미국에 거의 다 온 것을 환영합니다.)

영화 '터미널 (The Terminal)' 中

백 점의 기술

〈터미널The Terminal, 2004〉
감독 스티븐 스필버그
출연 톰 행크스, 캐서린 제타 존스, 스탠리 투치

4년에 한 번 개최되는 올림픽에 참가하기 위해 지금도 많은 선수들이 피땀 흘려가며 연습에 매진하고 있다. 숱한 고난과 경쟁을 뚫고 오직 그날 하루를 위해 달려가는 선수들.

하지만 안타깝게도 경기에서 제 기량을 발휘하지 못하고 안타까운 실수를 하는 선수들이 있다. 보는 것만으로도 속이 상하는데 당사자는 오죽할까.

그럼에도 그들은 도전을 포기하지 않는다. 그 자리에서 일어나 최선을 다해 결승선으로 향한다. 1등이 아님을 알면서도 끝까지 목표를 향해 달려 나간다.

"Welcome to the United State. Almost."
(미국에 거의 다 온 것을 환영합니다.)

동유럽의 작은 나라 크로코지아에서 온 순박한 청년 빅터. 영어도 못하는 그가 뉴욕에 온 이유는 아버지의 소원을 이뤄 드리기 위해서다.

하지만 부푼 기대도 잠시, 빅터가 비행기 안에 있을 때 고국 크로코지아에서는 쿠데타가 일어나고, 그는 순식간에 국적 불명 상태가 되어 버린다.

신원 불명의 외국인을 미국 땅에 들일 수 없다는 입장의 예비 국장 프랭크. 결국, 빅터는 뉴욕을 바로 앞에 두고도 땅 한 번 밟지 못한 채 JFK 공항 환승 라운지에서 살게 된다.

이 대사는 프랭크가 자신의 안위를 위해 빅터를 환승 라운지에 가두며 하는 말이다.

터미널은 묘한 매력으로 가득 찬 곳이다. 집을 떠나 어딘가로 가기 위해서는 꼭 거쳐야 하는 곳이기에 저마다의 사연으

로 떠나고 돌아오는 이들로 늘 북적인다. 그래서일까. 그곳에는 늘 설렘이 있다.

빅터에게도 터미널은 설렘의 장소였다. 어쩌면 뉴욕이기에 더 그랬는지도 모르겠다. 처음 밟아 보는 땅, 낯설지만 화려하고, 무엇보다 아버지의 꿈을 이룰 수 있는 곳이었기에 더 그랬다.

그런 그에게 뉴욕이 요구한 것은 기다림이었다. 인생이 아무리 기다림의 연속이라고는 해도 그 끝에 무엇이 있는지 알지 못한 채 막연히 기다린다는 것은 결코 쉽지 않은 일이었다.

우리 속담 중에 '시작이 반이다'라는 말이 있다. 이 속담만 믿고 벌여 놓은 일들 중 끝낸 일이 과연 몇 가지나 되는지 한번 생각해 보자. 아마 너무 많아 다 셀 수도 없을 것이다.

시작은 누구라도 할 수 있다. 중요한 것은 끝까지 해내는 것이다. 늘 0점을 맞던 학생이 공부해서 80점을 맞기란 그다지 어려운 일이 아니다. 하지만 80점에서 100점으로 점수를 올리기란 쉽지 않다. 왜 그럴까.

100점을 맞는다는 것은 0점에서 80점을 맞기 위해 했던 노력보다 훨씬 더 많은 노력을 요구한다. 기초만 가지고 풀 수 있

는 문제, 조금만 고민하면 답이 나오는 문제를 맞히고 나면 변별력을 가리기 위해 숨겨 놓은 문제들이 고개를 내민다. 이런 함정과도 같은 문제를 풀기 위해서는 포기하지 않고 끝까지 노력해야 한다. 그래야 100점이 주어진다.

사실, 빅터는 뉴욕에 오지 않아도 됐다. 아버지가 시작한 일을 굳이 끝마쳐야 할 이유는 없었다. 그럼에도 그가 그곳에 간 이유는 아버지의 꿈을 이루어 드리고 싶었기 때문이다.

터미널에서 노숙을 하며, 배고픔을 참으며, 통하지 않는 언어 때문에 고난을 겪으면서도 끝까지 참아낸 이유가 바로 여기에 있었다.

자기 때문에 고난을 겪을 친구들 생각에 포기하려고도 했지만, 그의 진정한 친구들은 오히려 그를 응원했고 그 덕에 힘을 내 끝을 볼 수 있었다. 100점을 받게 된 것이다.

우리도 빅터처럼 인내심을 가지고 끝까지 무언가를 해 보면 어떨까. 사 놓고 앞에만 읽다가 만 책을 꺼내 다시 읽고, 시작만 해 놓고 제대로 해 보지 않은 외국어 공부를 다시 하고, 끊어 놓고 한동안 다니지 않았던 헬스클럽을 다시 다녀 보는 것도 좋겠다.

시작만 하고 제대로 끝내지 못한 일은 시작하지 않은 일보다 못하다. 한 번 80점을 받아 본 사람이 다음에도 쉽게 80점을 받듯 100점도 마찬가지다. 한 번 받아 보면 다음번에도 쉽게 받을 수 있을 것이다. 그러니 조금만 더 힘을 내자. 고지가 눈앞이다.

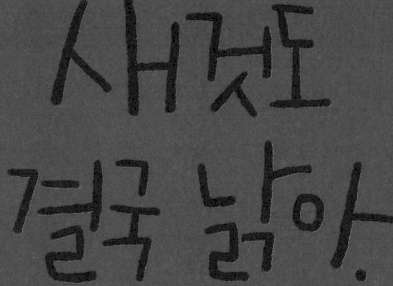

영화 '우리도 사랑일까 (Take This Waltz)' 中

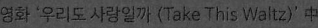

낡은 것이 주는 편안함

〈우리도 사랑일까Take This Waltz, 2011〉
감독 사라 폴리
출연 미셸 윌리엄스, 세스 로건, 루크 커비

 매일매일 새로운 물건들이 발명되고, 그 물건들은 해를 거듭할수록 성능, 디자인, 쓰임새를 달리하여 발전하고 있다. 특히, 전자 제품의 경우에는 출시되자마자 구형이 된다고 할 정도로 변화가 빠르다. 이때, 신제품은 당연히 이전 단계보다 뛰어난 성능을 자랑한다.

 그렇다면 세상의 모든 물건이 다 새로워야 좋은 것일까? 그렇지 않다. 술은 오랜 숙성 기간을 거쳐 만들수록 깊은 풍미와 향을 지닌다. '포도를 수확하고 와인을 만든 해'라는 의미에서

시작된 '빈티지Vintage'만 보아도 그 가치를 짐작할 수 있다. 옛 것을 이용하여 익숙하면서도 편안한 느낌을 주는 말 빈티지. 단어 자체만으로도 어딘가 모를 편안함이 느껴지지 않는가?

"새것도 결국 낡아."

마고는 자상하고 사랑스러운 남편 루와 함께 살고 있다. 닭 요리책을 집필하고 있는 루는 매일 그녀를 위해 닭 요리를 해주며 사랑을 속삭인다. 그녀 역시 루를 사랑한다. 루의 편안함, 자상함, 익숙함에는 전혀 부족함이 없기 때문이다.

그렇다면 우연히 알게 된 앞집 남자 다니엘에게는 왜 끌린 것일까? 다니엘은 루에 비해 경제적으로 안정적이지도 않았고, 자상함도 덜했다. 그럼에도 마고는 자꾸만 그에게 시선이 갔다.

이 대사는 마고와 친구들이 10년 후의 결혼 생활이 어떨지 대화를 나누고 있을 때 곁에서 이야기를 듣던 노부인들이 그들에게 건넨 말이다.

세상에 낡지 않는 물건이 어디 있으며, 변하지 않는 감정이 어디 있을까. 마고가 현재 다니엘에게 끌린 것처럼, 전에는 루

에게 그런 감정을 느꼈을 것이다. 새로움에 호기심을 느끼고, 그것이 사랑이라 확신했을 것이다. 그러다 결혼을 하고 사랑이 생활이 되자 그녀는 이 감정에 익숙해져 버렸다. 곁에 늘 사랑이 존재하는데도 익숙해진 탓에 그것이 사랑인지 아닌지 구분할 수 없게 된 것이다.

결국, 마고는 루를 떠나 다니엘에게 향한다. 다니엘과 그녀는 뜨거웠고 점점 더 뜨거워졌다. 하지만 시간이 지나자 그 역시도 일상이 되어 버렸다.

다니엘도 루도 더는 마고를 사랑하지 않아 뜨거움이 사라진 것은 아니다. 뜨거웠던 감정은 그저 서로의 체온에 맞게 조절되고 어우러져 둘에게 알맞은 온도가 되었을 뿐이다. 어떻게 보면 노부인들의 말처럼 이들의 새로웠던 감정 역시 낡아서 익숙한 감정이 된 것인지도 모르겠다.

마고는 늘 뜨겁고 설레기를 바랬지만, 늘 뜨겁고 설레는 것만이 사랑은 아니지 않을까.

어린 시절 아무것도 모르던 우리는 새로움을 흡수하는 바싹 마른 스펀지와 같았다. 주변의 모든 지식과 경험, 감정을 스펀지처럼 빨아들였다.

그러다 시간이 흐르면서 그 스펀지는 점점 차올랐고, 새롭다고 느낄 만한 것들은 점점 줄어들었다. 전처럼 주변의 것들을 흡수하지 않게 되었다. 그러다 가끔 낯선 새로움을 느낄 때가 있는데, 그러면 우리는 전처럼 그것들을 흡수하기 위해 혈안이 된다. 하지만 그것도 잠시, 새로움은 이내 헌것이 되고 낡아 버린다.

낡은 것은 나쁜 것이 아니다. 중요한 것은 어떤 형태로 낡아 가느냐이다. 처음에는 새로웠던 것이 낡으면서는 어떤 모양과 형태로 되어 가는지가 훨씬 더 중요하다.

새로움에 무조건 좋았던 것들이 나중에 빈티지가 되었을 때 어떤 모양으로 내 곁에 남을지 고민해 볼 필요가 있다. 이제 우리는 모든 것을 무조건 받아들이기에는 너무 많은 것을 흡수해 버린 스펀지가 되었으니.

정말 힘든 시기였어요.
제 꿈들을 버리지 않는 게 비정상적인 때였죠.
터무니 없고 비현실적인 이야기니까요.
그렇지만 전 믿고 있었기 때문에
포기하지 않았어요.

영화 '안녕, 헤이즐 (The Fault in Our Stars)' 中

포기하지만 않는다면 꿈은 반드시 이루어진다

〈안녕, 헤이즐 The Fault in Our Stars, 2014〉
감독 고레에다 히로카즈
출연 쉐일린 우들리, 안셀 엘고트, 냇 울프, 윌렘 대포

    1933년 히틀러가 유대인들을 학살할 당시, 열세 살의 어린 소녀 안네는 벽장 속 비밀 공간에 숨어 살며 일기를 썼다. 인간으로서 마땅히 누려야 할 자유를 빼앗긴 어린 소녀는 미래를 꿈꿀 수도 내다볼 수도 없었다. 실수로라도 큰소리를 내는 날에는 독일 경찰에게 발각되어 당장 수용소로 끌려가 죽을 수도 있었다.
    그렇지만 안네는 자신의 일기장에 이런 삶의 우중충함만을 담아내지 않았다. 안네는 일기장에 자신의 꿈과 희망을 함께 담았다.

수용소로 끌려가 열여섯의 어린 나이에 목숨을 잃었지만, 안네가 일기장에 남긴 꿈과 희망은 아직까지도 우리의 마음을 따뜻하게 데워 주고 있다.

> "정말 힘든 시기였어요. 제 꿈들을 버리지 않는 게 비정상적인 때였죠. 터무니없고 비현실적인 이야기니까요. 그렇지만 전 믿고 있었기 때문에 포기하지 않았어요."

헤이즐은 밝고, 똑똑하고, 사랑스러운 10대 소녀이다. 다른 10대 소녀들과 다른 점이 있다면 기계의 도움 없이는 숨을 쉴 수 없다는 것뿐이었다.

헤이즐은 어느 날, 암 환자 모임에서 골육종으로 한쪽 다리를 잃은 어거스터스를 만나게 된다. 비호감으로 시작된 둘의 만남은 곧 호감으로 바뀌고 이내 사랑하는 사이가 된다.

헤이즐은 〈거대한 아픔〉이라는 책을 무척 사랑했는데, 책 속의 죽은 인물보다 남겨진 이들이 어떤 인생을 살아가는지 그 뒷이야기를 너무도 궁금해했다.

그런 헤이즐을 행복하게 해 주고 싶었던 어거스터스는 시한부 청소년들의 소원을 이루어 주는 '지니의 소원'을 이용해 〈거대한 아픔〉의 작가를 만나러 함께 네덜란드에 가자고 청한다.

앞의 대사는 그토록 만나고 싶었던 작가에게 실망한 헤이즐과 어거스터스가 암스테르담에 있는 안네 프랑크 하우스를 찾았을 때 흘러나오는 방송의 내용이다.

사람들은 모두 더 나은 미래를 꿈꾸며 살아간다. 부자가 돼 있거나 성공한 모습들을 상상하면 그 자체로도 행복해진다. 그렇다면 미래를 꿈꿀 수 없는 헤이즐과 어거스터스는 어떤 상상을 하며 살아갈까.

헤이즐과 어거스터스는 20년도 채 살지 않은 10대 청소년들이다. 그들의 삶 대부분은 병마와 싸우느라 바빴고, 매일 밤 상태가 더 나빠지지 않기를 간절히 바라며 잠을 청했다. 자신들에게는 내일이 없을 수도 있음을 늘 염두에 두고 살았다. 보통 사람들에게는 당연한 내일, 미래가 그들에게는 사치였던 것이다.

물론, 헤이즐과 어거스터스에게도 꿈은 있었다. 남들처럼 많은 시간을 갖지는 못했지만, 그들에게도 크고 아름다운 꿈이 있었다. 그것을 이루기 위해 생명을 단축시켜 가며 노력했고,

그 결과 그들은 행복했다.

우리는 헤이즐과 어거스터스에 비하면 많은 시간을 가졌다. 그렇다면 지금 우리는 어떻게 살고 있는가. 현실적인 핑계를 대며 꿈꾸기를 주저하고 있지는 않은가. 그런 점에서 우리는 그들을 보며 반성하게 된다. 꿈을 꿀 수 있고 미래가 있다는 것이 얼마나 고마운 일인지 깨닫게 된다.

헤이즐과 어거스터스는 자신들에게 미래가 없다고 하여 집에만 틀어박혀 시간을 낭비하지 않았다. 오히려 매 순간 느낄 수 있는 행복을 경험하고 원하는 일을 하나하나 이루어 나갔다.

우리도 늦지 않았다. 허황된 꿈이라 할지라도 포기하지 않고 가슴에 품고 살아간다면 반드시 이루어질 것이다.

멘토는 가까운 곳에도 있다

🎬 〈그 여자 작사 그 남자 작곡 Music And Lyrics, 2007〉
감독 마크 로렌스
출연 드류 베리모어, 휴 그랜트

과학적이고 논리적인 수학이지만, 도무지 이해하기 어려운 논리가 있다. 음수에 음수를 곱했을 때 양수가 나온다는 것이 그렇다. 음수에 양수를 곱하면 음수가 나오는데 어째서 음수에 음수를 곱하면 더 큰 숫자가 나오는 것일까?

혹시 여기에 대한 답은 수학적 논리가 아닌 인간의 삶에서 찾아야 하는 것은 아닐까.

"무도회장에 단 우리 둘뿐, 내가 보는 게 느

껴지나요. 망가진 두 인생이 조화를 이루어 제대로 된 시간을 만들지도 몰라요. 그러니 일어나 나와 같이 춤춰요."

이제는 구닥다리가 되어 버린 80년대 인기 팝 가수 알렉스. 이제 그를 찾아 주는 곳은 놀이동산의 작은 무대나 후진 디너쇼뿐이다. 그런 그에게 최고의 인기를 누리고 있는 가수 코라가 곡을 부탁한다. 작시에는 젬병인 알렉스는 우연히 식물에 물을 주러 온 엉뚱 발랄한 소피와 만나게 되고, 그녀와 함께 곡을 완성하기로 한다.

이 대사는 알렉스가 이제 함께 늙어 가는 팬들 앞에서 부르는 곡의 가사 내용이다.

알렉스는 한물간 왕년 스타이고, 소피는 사랑하는 애인이자 베스트셀러 작가에게 크게 상처받은 뒤 더는 글을 쓰지 않기로 결심한 작가 지망생이다. 어쩌면 알렉스가 부른 노래 가사처럼 둘의 인생은 이미 망가져 버렸는지도 모르겠다.

과거의 인기를 갉아먹으며 과거의 추억 속에서 사는 알렉스, 과거의 아픈 기억 때문에 미래로 나아가기를 두려워하는 소피.

하지만 신기하게도 두 사람이 힘을 합하자 기적이 일어났다. 마이너한 둘의 인생이 모여 플러스를 이룬 것이다. 둘은 대스타 코라의 마음을 사로잡는 작곡과 작사를 해냈다.

이 일은 알렉스에게 작곡가로 재기하는 발판이 되었으며, 소피는 과거의 트라우마에서 벗어나 글도 쓰고 사랑도 시작하게 되었다. 두 사람의 삶에 긍정적인 영향을 미친 것이다.

최근 들어 사람들이 많이 쓰는 말 중에 '멘토Mentor'라는 단어가 있다. 멘토라고 하면 왠지 삶에 철학이 있고, 인생의 해답을 알고 있으며, 방황하는 우리에게 길잡이가 되어 줄 것만 같다.

생각해 보면 이는 지나친 기대이다. 삶에 완성된 철학이 어디 있으며, 인생의 답은 따로 정해져 있는 것이 아니다. 자신과 똑같은 상황을 겪어 보지 못했다면 인생의 길잡이 역할은 누구여도 힘들 것이다. 어쩌면 멘토의 존재는 각박한 현실 속에서 누군가 우리에게 그런 존재가 되어 주길 바라는 간절한 마음에서 비롯된 것이 아닐까.

그런 의미에서 보면 우리 주변에는 이미 많은 멘토들이 존재한다. 태어나는 순간부터 오늘의 나를 지켜보신 부모님, 나와 같은 시대의 고민을 안고 있는 친구들. 잘 들어 보면 어린아

이들이 던지는 엉뚱한 말 속에도 인생의 진리가 숨어 있다. 이들 모두가 나에게 영향을 주는 멘토인 것이다.

식물에 물을 주러 온 엉뚱한 소피에게서 작사 능력을 이끌어 낸 알렉스, 이제 춤을 추면 허리가 아프고 빠른 곡을 부르려면 숨이 가쁘다는 알렉스에게 자랑스럽다고 말해 주는 소피는 서로에게 꼭 필요한 멘토였다. 둘 다 삶에 대단한 철학을 가진 것도 아니었고, 삶 앞에서 여전히 갈팡질팡하고 있었지만 조화를 이루어 서로의 삶에 긍정적인 영향을 주었다.

어쩌면 우리는 너무 먼 곳에서만 멘토를 찾으려 하는 것은 아닐까. 가까운 곳에 이미 나를 가장 잘 알고 있는 멘토들이 있는데 말이다. 그들이 건네는 말이 듣기 좋은 말이 아니라는 이유로 무시하고 있었다면 다시 한번 그들에게 조언을 구해 보자. 그렇게 되면 알렉스와 소피가 서로에게 오른팔이 돼 주었듯 그들도 우리에게 그런 존재가 돼 줄 것이다.

당신과의 모험 고마웠어요.
이제 당신만의 새로운 모험을 찾아 떠나길 바라요.

영화 '업 (Up)' 中

목적지에 도착하는 것보다 중요한 것은 과정이다

〈업Up, 2009〉
감독 피트 닥터, 밥 피터슨
출연 에드워드 애스너, 조던 나가이, 크리스토퍼 플러머

영화 〈업〉은 픽사의 열 번째 작품이자 처음으로 주인공이 사람인 영화이다. 애니메이션으로는 최초로 칸 영화제의 개막작으로 선정되기도 했다. 이 영화는 인생의 진정한 모험이 무엇인지 가슴 뭉클하게 보여 주는 너무도 아름다운 작품이다.

"당신과의 모험 고마웠어요. 이제 당신만의 새로운 모험을 찾아 떠나길 바라요."

칼과 엘리는 남아메리카의 잃어버린 세계 파라다이스 폭포 꼭대기에서 사는 것이 꿈이다. 같은 꿈을 꾸며 성장한 둘은 결혼을 하고, 집을 사서 그곳을 사랑으로 가득 채웠다. 둘은 슬픔과 기쁨, 시련과 행복을 함께 겪으며 늙어 갔다.

시간이 흘러 둘은 어느 덧 노인이 되었고, 안타깝게도 엘리가 먼저 칼의 곁을 떠나게 된다. 파라다이스 폭포 꼭대기에 가서 살고 싶다는 엘리의 꿈을 이루어 주지 못한 칼은 가슴이 너무도 아팠다.

결국, 칼은 엘리의 꿈을 이루어 주기 위해 추억이 가득한 집에 풍선을 매달아 파라다이스 폭포로 향한다. 그리고 조금 늦었지만, 마침내 엘리의 소원을 이루어 주게 된다. 그러면서 앨리의 모험책을 펼쳐 보게 된다. 이때, 텅 비어 있을 줄 알았던 모험책은 칼과 행복했던 하루하루로 이미 가득 채워져 있었다.

이 대사는 엘리의 모험책 마지막 장에 쓰인 일기의 내용이다.

사람들은 모두 마음속에 이루고 싶은 꿈 하나씩을 가지고 살아간다. 유럽 여행 떠나기, 큰 집으로 이사 가기 등 그 꿈을 이루기 위해 많은 노력을 한다. 돈을 모으고 계획을 세우며 그 안에서 행복감을 느낀다. 꿈이 이루어질 날을 고대하면서 말이다.

하지만 막상 꿈을 이루고 나면 종종 실망하기도 한다. 유럽이 내가 꿈꿔 온 이상적인 여행지와는 거리가 멀게 느껴질 수도 있고, 서로의 온기를 느낄 수 있었던 좁은 집이 그리워질 수도 있다.

그렇다면 꿈은 결국 이루고 났을 때보다 꿈을 향해 달려가는 과정에서 더 큰 행복을 느끼게 되는 것이 아닐까.

이 영화는 목적지 혹은 목표 그 자체보다는 그곳으로 향하며 겪는 소소한 사건, 사고들이 진정한 친구와 가족을 만들어 준다는 메시지를 담고 있다.

당연히 백지 상태일 줄 알았던 엘리의 모험책이 가득 채워져 있는 것을 보고 칼은 깨닫게 된다. 그녀가 죽는 순간까지도 모험을 즐기고 있었음……. 그를 만나 함께하고 사랑했던 모든 순간이 그녀에게는 인생 최고의 모험이었던 것이다.

엘리를 통해 깨달음을 얻은 칼은 정든 집의 물건들을 하나씩 내버리기 시작한다. 고집스레 붙들어 왔던 오랜 집착들로부터 벗어난 것이다. 그러자 칼의 집은 다시 두둥실 떠올랐다. 그녀의 모험은 끝났지만, 그의 모험은 아직 진행 중이었으니까. 그녀는 그의 진정한 행복을 바라며 끝까지 그의 오른팔로 남아 있었다.

   파라다이스 폭포 꼭대기에 집이 생기는 것보다 칼과 하루하루를 행복하게 보내는 것이 더 소중했던 엘리. 우리도 그녀처럼 행복한 마음을 잃지 말고 목표를 향해 나아가자. 그렇게 되면 목적지에서 얻는 깨달음보다 더 값진 깨달음을 과정 중에서 얻게 될 테니까.

'YES'를 하다 보면 의무감이나 서약 때문이 아니라 마음에서 우러나서 하게 될 거야. 영화 '예스맨 (Yes Man)' 中

긍정보다 중요한 것은 진심

〈예스 맨Yes Man, 2008〉
감독 페이튼 리드
출연 짐 캐리, 주이 디샤넬, 브래들리 쿠퍼, 테렌스 스탬프

프랑스의 사상가이자 문학자인 미셸 몽테뉴 Michel Eyquem de Montaigne는 말했다.

"사건들을 통제할 수 없기 때문에 나는 나 자신을 통제한다."

몽테뉴의 말처럼 우리는 신이 아니기 때문에 주변에서 일어나는 모든 사건들을 원하는 대로 통제할 수 없다. 대신 스스로의 생각을 통제할 수는 있다.

나 자신을 통제하여 스스로 인생을 설계해 나간다는 것은 얼마나 중요한 일일까? 이렇게 중요한 일에 진심까지 담아낸

다면 더할 나위 없이 행복한 인생이 될 것이다.

"'YES'를 하다 보면 의무감이나 서약 때문이 아니라 마음에서 우러나 하게 될 거야."

인생의 부정적인 에너지는 모두 가지고 있는 대출 상담원 칼은 전형적인 'NO 맨'이다. 친구가 만나자는 제안에도 'NO', 친절한 옆집 할머니의 식사 제안에도 'NO', 상사의 파티 초대 제안조차도 'NO, NO, NO!'. 그래서일까. 그의 인생은 늘 우울하고 지루하며 의욕이 없는 상태에 가까웠다.

그런 칼이 우연한 기회로 예스맨 프로젝트 강연에 참석하게 된다. 그곳의 정신적 지주인 테렌스는 부정의 아이콘인 칼에게 항상 'YES'라고 말할 것을 지시하며 이를 어기면 그에 응당하는 처벌을 받게 될 것이라고 저주한다.

테렌스의 저주 때문일까. 정말이지 칼이 'NO'라고 할 때마다 안 좋은 일이 생기기 시작했다. 결국, 칼은 원하던 원하지 않던 늘 'YES'라 외치기로 한다. 그러자 마법처럼 그에게 좋은 일만 생기기 시작했다.

　이 대사는 늘 'YES'를 외친 덕에 좋은 일이 생겼지만, 그로 인해 사랑하는 사람을 잃게 될 위기에 처한 칼이 테렌스를 찾아가 저주를 풀어 달라고 하면서 하는 말이다.

　사실, 모든 순간에 'YES'를 외치며 사는 사람은 없다. 친구가 곤란한 부탁을 했을 때, 불가능한 일을 제안받았을 때, 신념과 맞지 않는 행동을 해야 할 때 등 살면서 생기는 많은 문제에 항상 'YES'를 외칠 수는 없다.

　하지만 어쩔 수 없는 상황으로 인해 'YES'라고 대답하기도 한다. 이때, 억지로 대답한 'YES'는 간혹 부정적인 결과를 가져오기도 하는데 진심을 담지 않은 긍정은 긍정이 아니라서 그런 것은 아닐까.

　칼은 매일 수백 번씩 외치던 'NO'를 'YES'로 바꿔 외치기 시작하면서 생활에 많은 변화를 느꼈다. 좋은 기회가 생겼고, 사랑이 찾아왔다. 그렇다고 늘 행복하기만 했던 것은 아니다. 가끔은 정말 'NO'라고 말하고 싶었지만, 저주가 무서워 'YES'라고 말해 버린 탓에 불행해지기도 했다.

　영화에서는 뒤늦게 이 모든 것이 거짓이고 사기임이 밝혀진다. 테렌스는 그저 말발 좋은 사기꾼이었던 것이다. 그렇다고

그가 꼭 나쁜 사람이었던 것만은 아니다. 칼보다 인생을 더 산 인생 선배로서 중요한 것은 무조건적인 'YES'가 아니라 그 안에 담긴 진심임을 일깨워 주었으니 말이다.

테렌스의 사기 말발처럼 긍정적인 말이 긍정적인 상황을 만든다는 것은 명백하다. 그렇다고 해도 그 안에 진심이 담기지 않으면 아무리 좋은 상황이라 하더라도 내가 통제할 수 있는 영역을 넘어서게 되고, 결국 자신을 곤란에 빠뜨릴 수 있다.

늘 진심을 담아 말하고 행동하기 바란다. 더 바란다면 거기에 담긴 진심이 긍정적이라면 더할 나위 없이 좋겠다.

난 감정을 느끼는 내 자신이
자랑스러워요
세상에 대해서 나 자신만의 감정을
가질 수 있다는 것 말이에요.

영화 '그녀 (Her)' 中

인공 지능보다 완벽한 나

〈그녀Her, 2013〉
감독 스파이크 존즈
출연 호아킨 피닉스, 스칼렛 요한슨, 루니 마라, 에이미 아담스

SF 영화Science Fiction라 불리는 공상 과학 장르의 영화들을 살펴보면 우리가 앞으로 살아갈 미래 사회를 디스토피아Dystopia 적인 사고방식으로 바라보고 있음을 알 수 있다. 인간의 편의대로 거스른 자연의 섭리 때문에 인간 세계가 공격받고, 최첨단의 과학 기술이 인간을 넘어서서 인간을 지배하기도 한다. 그러다 결국에는 인간의 선한 본성을 되찾고 현실을 유토피아로 되돌린다. 이런 SF 영화를 보면 무서운 외계인이나 로봇만이 인간을 괴롭히는 것은 아니다.

가끔은 이런 괴물 같은 존재보다 인간 내면의 외로움이 더 큰 악몽을 만들어 내기도 한다.

"난 감정을 느끼는 내 자신이 자랑스러워요. 세상에 대해서 나 자신만의 감정을 가질 수 있다는 것 말이에요."

매일 컴퓨터에 달달한 편지를 쓰는 테오도르는 손 편지를 대필해 주는 작가이다. 그는 현재 사랑했던 아내와는 이혼 소송 중이며 무엇을 해도 채울 수 없는 외로움에 당황스러운 상태다. 외로움을 달래기 위해 통신 매체로 여자를 찾으려 하지만, 좀처럼 마음에 맞는 사람이 나타나지 않는다.

그러던 중 우연히 알게 된 인공 지능 운영 체제 OS1을 통해 사만다라는 사이버 친구를 사귀게 된다. 사실, 사만다는 인간이 아니다. 사용자의 기호에 따라 발전하는 일종의 인공 지능 음성 로봇이다.

테오도르 역시 사만다가 인간이 아님을 알고 있다. 그럼에도 자신의 마음을 잘 알아주고 원할 때 언제나 자신의 편이 되

어 주자 이내 사랑을 느끼게 된다.

이 대사는 사만다와 사랑에 빠지기 전, 실망스러운 소개팅을 하고 돌아와 외로워하는 테오도르를 위로하며 그녀가 건넨 말이다.

테오도르는 매일매일 새로운 사람들과 사랑을 속삭인다. 대필 편지를 쓰면서 말이다. 편지를 쓰는 순간만큼은 한껏 감정을 이입해 자신이 편지 속 주인공이라도 된 듯 행복감을 느끼지만, 쓰고 나면 더 짙은 외로움만 남을 뿐이다. 방금 전까지 진짜인 듯했던 감정들은 결국 다른 사람의 것이기 때문이다. 어쩌면 그는 대필 편지를 쓰며 겪은 다양한 간접 경험들을 두고 자신의 것이라 자부했는지도 모르겠다.

그렇다면 완벽한 연애 상대는 현실에 존재하지 않는 것일까. 테오도르는 자신에게 맞는 멋진 연애 상대가 나타나기만을 기다렸지만, 좀처럼 나타날 기미가 보이지 않았다. 그러다 나타난 사만다는 그에게 완벽한 존재였다. 똑똑하고 유머러스하고, 상대의 기분도 잘 파악했다. 사랑하지 않을 수 없는 완벽한 존재였다.

하지만 그것이 진짜 사랑은 아니었다. 그저 외로운 테오도르

에게는 사랑할 대상이 필요했고, 그런 그의 마음을 읽은 사만다가 기꺼이 그 대상이 되어 주었을 뿐이다. 그러니 그녀가 그에게 주었던 감정은 그녀의 것이 아니라 테오도르, 그의 것이었다.

테오도르가 기다린 완벽한 연애 상대는 어떤 사람이었을까? 나보다 나를 더 사랑해 주고, 더 잘 알아주는 존재가 아니었을까.

사만다처럼 나에게 맞춰 프로그래밍 된 값비싼 컴퓨터가 아닌 이상 나보다 나를 더 사랑하고, 잘 아는 존재는 없다. 그런 점에서 세상에 완벽한 연애 상대는 없다고 볼 수도 있겠다.

꼭 완벽해야지만 사랑에 빠지는 것은 아니다. 조금 부족할지라도 나를 진심으로 대하고, 나의 말 한마디 행동 하나하나에 관심을 갖는 사람, 조건 없이 나에게 사랑을 주는 사람이야말로 사만다보다 더 완벽한 연애 상대가 아닐까.

어쩌면 사만다는 피노키오처럼 인간이 되고 싶었을지도 모르겠다. 그녀는 카메라를 통해 세상을 보았고, 마이크를 통해 소리를 들었으며 사용자를 통해 감정을 배웠다.

그렇다면 우리는 어떤가. 우리는 누군가에게 배우지 않아도 이미 그것들을 가지고 있다. 사만다가 학습을 통해서 배웠던

감정들을 지금도 충분히 가지고 있다. 그런 점에서 보면 우리는 인공 지능보다도 더 완벽한 존재이다.

지금 당신은 완벽한 연애 상대를 찾고 있는가? 어쩌면 그리 멀지 않은 곳에 상대가 있을지도 모른다.

마지막 라운드는
직접 싸우는 거예요.

영화 '리얼 스틸 (Real Steel)' 中

세상과
대면하는
용기

〈리얼 스틸Real Steel, 2011〉
감독 숀 레비
출연 휴 잭맨, 다코타 고요, 에반젤린 릴리

    과학 기술의 발전으로 우리는 이제 힘들이지 않고 다양한 경험을 할 수 있게 되었다. 텔레비전을 통해 다양한 사람들을 보고, 블로그를 통해 타인의 경험을 대신 느끼고, 심지어 로드맵을 이용하면 앉은자리에서 세계 일주도 할 수 있다. 참으로 스마트한 세상이 아닐 수 없다.

    사실, 이러한 스마트 기기들도 알고 보면 매우 멍청하다. 타인의 명령 없이는 스스로 움직일 수도 없고, 배터리라도 떨어지는 날에는 고철 덩어리로 전락하고 만다.

진정으로 스마트한 존재는 바로 우리 인간이다. 우리는 타인의 명령 없이도 주체적으로 움직이고, 전력을 들여 충전하지 않아도 방전되지 않는 배터리를 지녔다.

그럼에도 사람들의 전자 기기 의존도는 날로 높아지고 있다. 이러다가는 정말이지 전자 기기들이 인간들에게 명령을 내리는 날이 올지도 모르겠다.

"마지막 라운드는 직접 싸우는 거예요."

영화는 가까운 미래를 배경으로 한다. 그때가 되면 사람이 직접 싸우는 권투, 킥복싱을 보는 사람은 없다. 사람을 대신한 아바타, 즉 로봇이 더 격렬하고, 폭력적으로 싸우기 때문에 사람들의 싸움은 시시해져 버린 것이다.

이러한 세상의 변화로 인해 복싱 선수였던 찰리는 설 자리를 잃게 된다. 대신 로봇 파이터가 되어 싸움을 계속해 간다. 처음에는 그도 꽤 잘나가는 로봇 파이터였지만 그것도 잠시, 현재는 그저 지방을 돌며 작은 싸움으로 푼돈이나 벌며 인생 한 방을 노리는 루저였다.

 그러던 어느 날, 존재조차도 잊고 지낸 아들 맥스가 찰리를 찾아온다. 맥스의 엄마가 죽어 친권에 대한 재판이 열렸기 때문이다. 그는 아들에게 전혀 관심이 없었는데, 다행히 돈 많은 이모가 맥스를 키우기를 원했다. 결국, 찰리는 친권 포기 각서에 서명을 하고, 이모 부부가 잠시 여행을 다녀오는 동안만 맥스를 맡아 주기로 한다.

 앞의 대사는 찰리가 맥스를 데리고 전국을 돌며 로봇 파이트 시합에 다닐 때, 맥스가 찰리에게 로봇의 쉐도우 기능을 이용해 직접 싸워 줄 것을 부탁하며 하는 말이다.

 사실, 찰리는 겁쟁이였다. 링 위에서 직접 적을 상대할 때는 겁쟁이가 아니었는데, 링에서 밀려나 로봇 뒤에 숨어 살면서는 자신도 모르게 겁쟁이가 돼 버렸다. 또한 그는 아버지로서도 겁쟁이였다. 그는 맥스의 생물학적 아버지일 뿐, 단 한 번도 아버지 역할을 한 적이 없었다. 어쩌면 관심이 없었던 것인지도 모르겠다.

 맥스는 아버지로부터 버려진 아이였는데, 그래서인지 버려진 로봇 아톰을 보고 그냥 지나치지 못했다. 한때는 누군가의 사랑을 듬뿍 받으며 만들어졌을 텐데 지금은 쓰레기장 깊숙한

곳에 파묻혀 있으니 그 모습이 마치 자신과 같다고 느꼈을지도 모르겠다. 결국, 맥스는 아톰을 데려다가 씻기고, 기름칠도 해 주며 점점 애정을 키워 나간다.

영화에 등장하는 세 주인공 찰리, 맥스, 아톰은 공통점이 많다. 삐걱대고, 말도 잘 듣지 않는 구제 불능에 대책조차 없다. 그래서인지 셋은 서로를 의지하며 상대의 아픔을 보듬어 주었다.

어쩌면 그들은 두려웠는지도 모르겠다. 한때 많은 사랑을 받았지만 지금은 사람들의 기억 속에서 지워져 아무도 찾지 않는 삶을 살아 본 결과, 다시 세상에 발을 내디뎠을 때 환영받지 못할까 봐. 그래서 찰리는 로봇 뒤에 숨어 자신의 본모습을 숨겼고, 맥스는 부모의 사랑 따위는 필요 없는 척하며 삐딱한 모습으로 자신을 감추었다.

그러다 둘은 아톰을 통해 서로의 본모습을 알게 되고, 의지하게 되었다. 그 결과, 찰리는 다시 복서로서 세상에 서게 되었고, 맥스에게는 생물학적 아버지가 아닌 진정한 아버지가 생기게 되었다.

생각해 보면 세상에는 두려운 것들이 참 많다. 외로움도 그중 하나이다. 누군가가 늘 곁에서 나를 지켜 주었으면 좋겠지

만, 어느 순간이 되면 홀로 서야 할 때가 왔음을 직감하게 된다. 그러면서 찰리처럼 세상에 적응하지 못하는 경우도 생겨나고, 맥스처럼 버림받기도 하며, 아톰처럼 필요 없는 존재가 돼 버리기도 한다.

 하지만 너무 겁먹지 말자. 외로움도 결국은 나를 강하게 만들어 줄 테니. 이런 경험을 바탕으로 다시 세상에 나간다면, 설령 위기에 직면하더라도 그 뒤에는 더 큰 행복이 우리를 기다리고 있을 것이다.

인생이 쇼야,
인생이 쇼야, 인마.

영화 '반칙왕' 中

인생이라는 쇼의
주인공이 되는
방법

〈반칙왕, 2000〉
감독 김지운
출연 송강호, 장진영, 박상면, 장항선

배우들에게 왜 배우가 됐느냐고 물으면 '여러 사람의 인생을 살아 볼 수 있어서'라고 답하는 경우가 종종 있다. 배우들은 정말이지 여러 사람의 인생을 다양하게 표현해 낸다. 왕이 되기도 하고, 형사가 되기도 하고, 가끔은 살인자가 되기도 하면서 말이다.

이렇게 자신이 맡은 배역에 너무 몰입하다 보면 간혹 부작용이 생기기도 하는데, 자신이 맡은 배역과 실제 생활을 혼동해 정신적인 혼란 상태에 빠지는 경우가 그렇다. 〈다크 나이트〉에

서 조커 역할을 맡았던 히스 레저가 그랬고, 〈성난 황소〉, 〈택시 드라이버〉 등 다수의 명작에 출연한 로버트 드 니로가 그랬다.

어떻게 하면 매번 다른 인물을 표현해 내면서 그 역할에 빠져들 수 있는 것일까? 그들의 진짜 본모습은 어떤 모습일까.

"인생이 쇼야, 인생이 쇼야, 인마."

지각을 일삼으며 실적 역시 좋지 않은 은행원 임대호. 부지점장은 이런 그에게 늘 헤드록을 걸며 괴롭히기 일쑤이다. 대호는 부지점장의 헤드록에서 벗어나기 위해 레슬링을 배우기로 결심한다. 대호는 그곳에서 왕년에 울트라 타이거 마스크 레슬러로 이름 꽤나 날렸던 관장을 만나게 된다.

처음에는 단순히 헤드록에서 벗어나는 것이 목표였던 대호는 레슬링을 하면 할수록 자신의 자아를 찾게 되고 인생까지도 돌아보게 된다.

이 대사는 그때 관장이 술에 취해 들어와 주정처럼 읊조리듯 한 말이다. 그날도 대호는 늦은 밤까지 체육관에서 연습을 하고 있었다.

어쩌면 우리의 인생도 연기가 아닐까. 인생이라는 연극에서 하나의 역할을 맡아 충실히 이행하고 있는 것이다. 자식이라는 역할, 직원이라는 역할, 친구라는 역할 등…… 그중 어느 배역의 연기를 제일 잘하는지는 자신이 제일 잘 알 것이다. 혹 대호처럼 자신에게 잘 맞는 배역을 찾지 못해 방황하고 있을 수도 있다.

대호는 은행원이라는 역할을 제대로 해내지 못했고, 아버지에게 좋은 아들 역할도 잘 해내지 못했다. 심지어 좋아하는 여자에게 고백조차 제대로 하지 못하고 차이는 사람이 그였다.

그런 대호가 잘하는 것이 있었으니 바로 레슬링이었다. 만년 꼴지 인생의 그를 1등으로 탈바꿈해 준 레슬링. 링 위에서 만큼은 인생의 주인공이 되어 자신이 맡은 역할을 잘 해낸 것이다.

지금 우리는 어떤가. 어느 배역의 연기를 제일 잘하고 있을까. 혹시 대호처럼 아직 배역을 찾지 못해 방황하고 있지는 않은가. 그렇다면 대호처럼 무작정 무언가에 도전해 보는 것은 어떨까?

사실, 나이가 들수록 변화가 두려워진다. 왠지 늦은 듯하고, 나에게는 그런 능력이 없을 것만 같다. 하지만 변화에 도전하지 않으면 영원히 그 자리에 머물 수밖에 없다.

스티브 잡스Steve Jobs가 학교를 그만두고 게임 회사에 입사

하겠다는 도전을 하지 않았다면 우리는 아이폰을 만나지 못했을 것이고, 원빈이 배우에 도전하지 않았다면 〈아저씨〉 속 멋있는 차태식은 영영 볼 수 없었을 것이다. 이들은 인생이라는 쇼에서 대단한 성공을 거두었다. 공통점이 있다면 두려움을 극복하고 새로움에 도전했다는 것이다. 인생이라는 쇼의 주인공이 되기 위해서 말이다.

인생이라는 쇼에서 나에게 딱 맞는 배역을 찾을 때까지 도전하자. 변화가 두려워 머무르기만 한다면 우리는 평생 단역으로 살다가 쉽게 잊힐 수밖에 없다.

명심하자. 인생이라는 쇼의 주인공은 바로 나 자신이다.

그게 결혼이야.

영화 '나를 찾아줘 (Gone Girl)' 中

원근법의 비밀

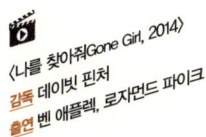

〈나를 찾아줘Gone Girl, 2014〉
감독 데이빗 핀처
출연 벤 애플렉, 로자먼드 파이크

지금 우리가 보는 영화는 3차원으로 보이지만, 실은 평면에서 펼쳐지는 2차원의 세계이다. 조명과 미장센 등 원근법을 이용해 3차원처럼 보이도록 조작해 놓은 것뿐이다. 이처럼 원근법은 사물의 본질과는 다른 공간감을 주어 보는 이로 하여금 착각을 불러일으킨다.

직접 내 눈으로 본 진짜 같은 세상을 거짓으로 만들어 버리는 원근법. 우리가 매일 접하는 이 세상의 사건 사고들 역시 언론이라는 원근법을 통해 보고 있는 것은 아닐까.

"그게 결혼이야."

닉 던과 에이미 던은 누가 보아도 완벽한 부부였다. 그러던 어느 날, 갑자기 아내 에이미가 감쪽같이 사라지게 된다. 유명 동화 속 주인공으로 유명한 그녀의 실종은 미국 전역을 떠들썩하게 했다. 다수의 언론들이 앞다투어 그녀의 실종 소식을 보도했다.

에이미의 실종으로 던 부부의 결혼 생활은 진실과 거짓이 뒤얽혀 관객조차 무엇이 진실인지 모르게 만든다. 완벽하게만 보였던 던 부부의 결혼 생활이 실제로는 그렇지 않았던 것이다.

사실, 에이미의 실종은 자작극이었다. 완벽주의자였던 에이미가 자기 인생의 오점으로 보이는 남편을 제거하기 위해 자작극을 벌인 것이다.

하지만 닉이 언론에 자신을 얼마나 사랑하는지 이야기하는 것을 보고는 다시 자작극을 벌여 그에게로 돌아간다. 그의 연기로 인해 에이미는 다시 완벽한 결혼 생활을 연기하며 살 수 있으리라 판단한 것이다.

이 대사는 에이미가 돌아온 후 그녀의 연기에 화가 난 닉이 헤어지자고 하자 그녀가 건넨 말이다.

　우리는 어떠한 사건이 발생하면 그것의 본질을 알기 위해 많은 정보를 찾아보게 된다. 이때, 사건에는 많은 단서와 추측이 뒤엉켜 있어 본질을 제대로 파악하기가 쉽지 않다.

　영화 속 에이미의 실종 역시 마찬가지였다. 자작극이라고 밝혀지기 전까지는 그 누구도 믿을 수 없는 상태로 사건을 접하게 된다. 어딘가 석연치 않은 행동을 계속하는 닉과 경찰이 찾아내는 단서들을 보면 도대체 누가 피해자이고 가해자인지 구분이 되지 않기 때문이다.

　여기에 결정적으로 사람들의 마음을 쥐락펴락하는 것이 있었으니 바로 언론이었다. 어느 매체에서는 닉을 아내를 잃은 불쌍한 남편으로 그려 내고, 어느 매체에서는 닉을 소시오패스 Sociopath로 표현했다. 사건의 본질을 정확히 알기도 전에 무차별적인 정보 공세를 통해 우리를 혼란스럽게 했다.

　이처럼 언론의 힘은 대단하다. 매체를 통해 발표되는 말들은 공신력을 갖게 되고, 그것은 곧 힘이 되어 권력으로 이어진다. 대중들은 매체를 통해 발표된 정보는 절대적으로 믿는 편이다. 어쩌면 믿고 싶은 정보만 쏙쏙 골라 믿고 싶은 대로 믿어 버리는 것일지도 모르겠지만.

　그렇기에 어려서부터 동화 속 주인공으로 언론의 힘을 잘 알고 있었던 에이미는 이 싸움에서 무조건 닉을 이길 수밖에 없었다. 그녀는 언론을 이용해 사건을 만들기도 하고, 동정표를 얻기도 했으며, 자신을 포장하기까지 했다. 그녀에게 언론은 없어서는 안 될 삶의 일부였던 것이다.

　그런 에이미에게 진실은 중요하지 않았다. 외부에서 바라보는 시선만이 중요했다. 그녀에게 진실은 언제나 바깥에 존재했기 때문이다. 결국, 진실은 바깥이 아닌 안에 존재한다고 믿었던 닉이 그녀에게 결혼을 끝내자고 말한다. 그때, 에이미는 이것이 바로 결혼이라고 응수한다.

　어쩌면 에이미는 자신이 저지른 살인이나 납치 자작극을 완벽한 결혼 생활을 위해 꼭 필요했던 일이라고 여겼는지도 모르겠다. 원근법으로 왜곡된 세상을 진짜 세상이라고 믿고 있었을 테니.

　언론의 원근법에 익숙해져 삶의 본질을 잊고 지낸 것은 아닌지…… 우리도 한번 생각해 볼 필요가 있다.

영화 '세 얼간이 (3 Idiots)' 中

저는 공학을 가르친 게 아닙니다.
공학에 대해서는 교수님이 더 전문가이시죠. 저는 단지
어떻게 가르쳐야 하는지를 말씀드린 겁니다.

내가 공부를 못했던 이유

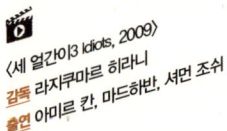

⟨세 얼간이 3 Idiots, 2009⟩
감독 라지쿠마르 히라니
출연 아미르 칸, 마드하반, 셔먼 조쉬

우리는 태어나는 순간부터 공부를 시작한다. 우는 공부, 먹는 공부, 걷는 공부. 이렇게 기초적인 공부를 마치면 본격적인 공부를 다시 시작한다. 한글을 읽는 공부, 셈을 하는 공부, 세상을 알아 가는 공부.

학창 시절 내내 지긋지긋한 공부에 시달릴 때는 졸업만 하고 나면 모든 공부가 다 끝나는 줄 알지만, 이게 웬걸? 사회에 나오니 공부할 것들이 더 많아진다. 일을 잘하기 위한 전공 공부, 행복하게 살아가기 위한 공부, 나의 마음을 다스리는 공부.

공부, 공부, 공부. 도대체 이 지겨운 공부는 언제 끝이 나는 것일까. 공부란 정말 평생 해야 하는 것일까.

그렇다면 이렇게 생각해 보면 어떨까. 어차피 평생 해야 한다면 공부를 대하는 마음가짐부터 바꿔 보는 것이다.

"저는 공학을 가르친 게 아닙니다. 공학에 대해서는 교수님이 더 전문가이시죠. 저는 단지 어떻게 가르쳐야 하는지를 말씀 드린 겁니다."

인도 최고의 일류 공학 명문대 ICE에서 만난 세 친구 파르한, 라주, 란초. 이들은 모두 뛰어난 공학도들이지만, 어쩐지 얼간이 같은 구석이 엿보이기도 한다. 영화는 천재적이면서도 어딘가 모르게 부족한 세 얼간이의 좌충우돌 대학 생활기를 그려 내고 있다.

이 대사는 뛰어난 재능을 가졌지만, 교육 시스템에 적응하지 못하고 자살한 친구를 본 란초가 총장에게 교육 제도를 비판하면서 하는 말이다.

우리는 주입식 교육에 매우 익숙하다. 교단에 선 선생님이 알려 주는 지식을 노트에 빼곡하게 받아 적는 것은 기본 중의 기본이다. 다섯 가지의 보기가 있으면 그중 하나를 골라 답으로 해야만 직성이 풀리고, 빈칸이 보이면 왠지 채워야 할 것만 같다.

세상에는 정답이 없는 문제들도 있을 텐데 우리는 무조건 답을 찾아내야 한다고 생각한다. 그러면서 자라나는 아이들은 창의적인 사고를 하길 바란다.

공부는 어떻게 바라보고 해결하느냐에 따라 재미가 있을 수도 있고 없을 수도 있다.

가끔가다 대학에서는 자신이 기대한 만큼 많은 지식을 알려 주지 않아 실망했다고 말하는 학생들을 만나게 된다. 이런 불만은 어미 새가 벌레를 물어다 입에 잘 넣어 주어야만 배를 채우는 아기 새에게서나 나올 법한 것이 아닐까.

고등학교까지는 자리에 가만히 앉아 있으면 선생님들이 찾아와 공부를 가르쳐 주신다. 그러니 그 방식에 익숙해진 탓에 대학교에 와 스스로 시간표를 짜고 흩어져 계신 교수님들을 찾아다니며 공부를 배우고, 지식에 대한 의견을 나누며 토론하는 것이 낯설기만 하다.

　대학교 수업에서는 교수님이 한 말을 그대로 베껴 적는 것이 아무런 의미가 없다. 그보다는 스승이 지식을 어떻게 바라보고 다루는지를 배워야 한다.

　그런 의미에서 란초는 매우 훌륭한 학생이자 이상한 학생이었다. 교수님들의 견해와 그들이 가진 지식을 존경하면서도 한편으로는 비꼬았다. 공부를 좋아하면서도 1등이 되려고는 하지 않았다. 그가 생각하는 공부의 가치는 등수에 있지 않았다. 그저 새로운 지식을 알게 되리라는 기대만 있을 뿐이었다.

　그렇다면 공부를 대하는 우리의 모습은 어떠한가. 새로운 것을 알게 되는 즐거운 시간이 아닌 창피하지 않은 등수를 얻기 위해 어쩔 수 없이 자리만 채우고 있지는 않은가. 단순히 답을 알아내는 공부가 아닌 답으로 가는 여정을 즐기며 공부했다면 지금보다 더 똑똑해질 수 있었을 텐데…… 아쉽다. 그런 점에서 이제야 내가 공부를 하지 못했던 이유를 조금은 알 것도 같다.

찰리 파커는 젊고 실력이 있었지.
그런데 그가 커팅 세션에서
연주하게 되었을 때 연주를 그만 망쳐 버렸어.
그는 비웃음 속에서 퇴장했고 밤새도록 울었지.
그리고 다음 날 뭘 했는지 알아??
연습을 했지.

영화 '위플래쉬 (Whiplash)' 中

악으로 깡으로 버텨 낸 채찍질

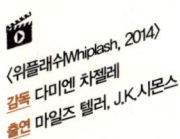
⟨위플래쉬 Whiplash, 2014⟩
감독 다미엔 차젤레
출연 마일즈 텔러, J.K. 시몬스

'그것은 불가능해.'
자존심이 말했다.
'그것은 위험해.'
경험이 말했다.
'그것은 무의미해.'
이성이 말했다.
'그래도 한 번 시도해 봐.'
심장이 말했다.

"찰리 파커는 젊고 실력이 있었지. 그런데 그가 커팅 세션에서 연주하게 되었을 때 연주를 그만 망쳐 버렸어. 그는 비웃음 속에서 퇴장했고 밤새도록 울었지. 그리고 다음 날 뭘 했는지 알아? 연습을 했지."

최고의 드러머가 되는 것이 꿈인 앤드류는 우연히 학교 선생님이자 실력자인 플래처의 눈에 들어 그의 팀에 합류하게 된다. 최고의 실력자이자 독설가이기도 한 그에게 인정받기 위해 손이 찢어지도록 연습하는 앤드류. 그럼에도 앤드류는 그에게 인정받지 못하고 좌절만 맛보게 된다.

그때, 학교의 한 학생이 자살하는 사건이 발생한다. 학생의 어머니는 학교를 찾아와 자살의 원인이 플래처에게 있다고 말하며 앤드류 역시 그로 인해 힘든 시간을 보내고 있다는 증언을 해 달라고 청한다.

결국, 앤드류는 그 말에 동의하고 그로 인해 플래처는 학교에서 쫓겨나게 된다.

이 대사는 시간이 흐른 뒤, 우연히 길에서 앤드류와 플래처

가 만나 나누는 대화의 일부이다.

플래처는 굉장한 독설가이다. 독설뿐 아니라 인정머리도 없다. 그럼에도 자신의 교육 방식이 잘못됐다고는 생각하지 않는다. 오히려 찰리 파커 같은 위대한 연주자를 만들기 위해서는 채찍질만 필요할 뿐, 적당한 칭찬 따위는 필요하지 않다고 생각한다. 자존감은 위대한 연주자의 덕목이 아니며 숱한 상처만이 학생들을 자극해 더 열심히 연습하게 만든다고 여겼다.

여기서 플래처의 말이 모두 맞다고 할 수는 없지만, 전혀 틀린 것도 아니었다. 앤드류가 플래처의 교육 방식을 입증한 증인이 되었으니 말이다.

사실, 앤드류는 플래처에게 몹시 인정받고 싶었다. 그 결과, 손이 찢어지는 고통을 감수했고 교통사고조차 잊을 정도로 완벽한 연주를 위해 애썼다. 하지만 그렇게 해도 플래처의 마음에 들기는 여전히 어려웠다. 그 탓에 그는 엄청난 스트레스에 시달렸고, 결국 플래처를 밀고하게 되었다.

플래처의 압박에서 벗어난 앤드류는 편안해졌고, 위대한 연주자가 되기는 어려워졌어도 즐기며 연주할 수 있게 되었다. 하지만 다시 만난 플래처는 그답지 않은 달콤한 말을 건네며

앤드류를 자신의 무대에 서게 한 뒤, 씻을 수 없는 치욕을 선사한다. 만약 앤드류가 그 길로 무대에서 도망쳤다면 영원히 치욕 속에서 살아야 했을 것이다.

이때, 앤드류가 선택한 것은 포기가 아닌 집념이었다. 그는 자신만의 곡을 무대에서 독주했고 연주는 완벽했다. 플래처조차 흠잡을 수 없을 정도로 말이다. 플래처의 교육 방식이 제대로 되었음을 입증하는 순간이었다.

가끔은 나를 움직이게 하는 동력이 칭찬이 아닌 치욕일 때가 있다. 다시는 그런 치욕을 맛보지 않기 위해 이를 갈고 악으로 깡으로 버티다 보면 실제로 무언가를 이뤄 내기도 한다.

치욕스럽다고 하더라도 도망치지는 말자. 도망치면 영원히 그 치욕 속에서 고통받으며 살아가야 한다.

찰리 파커와 앤드류처럼 치욕을 극복하기 위해 노력하고 애쓴다면 극복할 수 있을 뿐 아니라 오히려 자신을 발전시키는 계기가 될 수 있다.

플래처의 교육 방식이 전적으로 옳았다고 할 수는 없지만, 그가 앤드류에게 꼭 필요했던 오른팔이었음은 분명하다.

매일, 새로운 모험
그것이 나의 모토야.

영화 '빅 피쉬(Big Fish)' 中

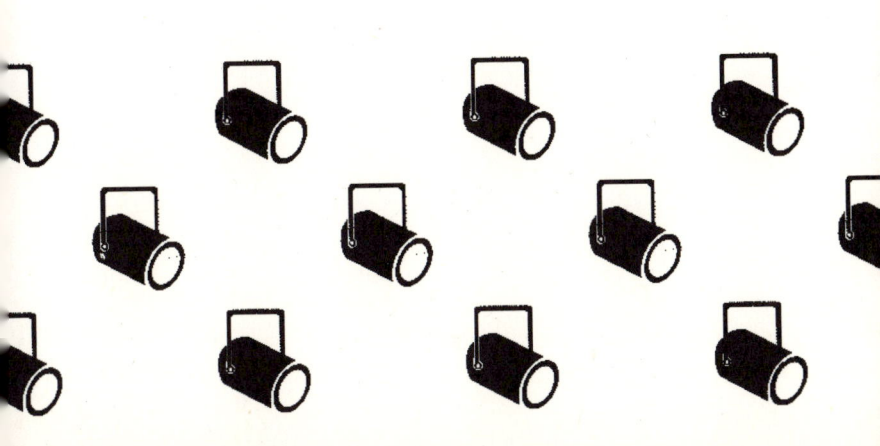

특별한 거짓말의 마법

〈빅 피쉬 Big Fish, 2003〉
감독 팀 버튼
출연 이완 맥그리거, 알버트 피니, 빌리 크루덤

우물 안에 개구리 한 마리가 살았다. 우물 안의 세상이 전부인 줄만 알았던 개구리는 넓은 동해 바다에서 살던 자라와 우연히 만나게 되었다. 개구리는 자라에게 자신이 살고 있는 우물 안 세상을 자랑했다. 이야기를 들은 자라는 자신이 살던 동해 바다 이야기를 개구리에게 들려주었다. 개구리는 자라의 이야기를 믿지 않았다. 평생을 살면서 그 어디에서도 보지도 듣지도 못한 이야기였기 때문이다.

하지만 그 세상은 정말로 놀랍고 멋진 환상의 세계였다.

"매일, 새로운 모험. 그것이 나의 모토야."

월의 아버지 에드워드는 허풍이 굉장히 심하다. 어려서 월은 아버지의 이런 허풍을 재미있어 했지만, 성인이 되자 지긋지긋했다. 아버지의 허풍 속에는 유리 눈을 가진 마녀, 사람들을 위협하는 거인, 비밀스러운 유령 마을, 머리가 둘 달린 샴쌍둥이 자매 등 현실에서는 도저히 만날 수 없는 존재들로 가득했다. 결국, 이런 허풍 때문에 그는 아버지와 점점 멀어지게 된다.

이 대사는 아버지의 환상 속에 존재하는 지상 낙원의 시인 노던이 마을에서 벗어나 은행을 털기 전 아버지에게 건네는 말이다.

생각해 보면 우리도 부모님의 허풍을 한번쯤은 들어 봤다. 옹알이를 하던 아기가 갑자기 말을 했다고 하거나, 한 번도 배워 본 적 없는 분야에 천재성을 나타냈다고 하는 것들이 그렇다. 다리 밑에서 주워 왔다는 이야기는 대대손손 이어지는 뻔한 레퍼토리이다.

그렇다면 부모님들은 왜 이런 뻔한 거짓말들을 하는 것일까. 잘은 모르지만 자식인 우리를 특별하게 여겨 더욱 특별한 존재

로 자라나길 바라는 마음에서 그런 것은 아닐까.

에드워드의 말에 따르면 윌은 태어나던 순간마저도 너무나 특별한 아이였다. 윌이 태어나던 순간 그는 사람 몸집만 한 큰 물고기에게 소중한 반지를 빼앗기지 않으려 고군분투하고 있었다. 그때, 윌은 여느 아기들과 다르게 총알처럼 빠르게 세상으로 뛰쳐나왔고 아무도 그를 막지 못했다.

윌 역시 처음에는 아버지의 이런 거짓말 덕에 자신을 특별한 아이로 여겼다. 물론, 머리가 커 가면서 그것이 모두 아버지의 거짓말이었음을 깨달았지만. 어쩌면 이 모든 사실을 알고 극심한 배신감을 느꼈을 수도 있다. 그럼에도 그의 아버지는 이 거짓말을 멈출 수 없었다. 무엇 때문에 멈출 수 없었던 것일까?

사실, 아버지가 말하는 거짓말 속 세상은 매일 새로운 모험의 연속이었고, 그 안에 살고 있는 사람들은 모두 행복했다. 이제 나이가 들어 아버지와 소원해진 아들조차 환상 속에서는 둘도 없는 친구 사이였을 것이다. 그렇기에 아버지는 매일 새로운 모험 세계로 뛰어들 수밖에 없었다. 그 안에서는 잊고 지낸 옛날 친구들도 만날 수 있고, 행복했던 시절을 회상할 수도, 아들과 함께 즐거운 대화도 나눌 수 있었으니 말이다.

　에드워드는 윌의 생각처럼 거짓말쟁이에 허풍쟁이가 아니었다. 그저 아들을 세상 그 무엇보다 특별하게 여겼을 뿐이다. 세상보다 더 큰 세상을 보여 주고 싶어 하는 평범한 아버지였다.

　어쩌면 우리는 운이 좋아 이런 평범한 부모님들을 만난 것인지도 모르겠다. 나조차도 무슨 뜻인지 모르고 옹알댄 말에 큰 의미를 부여하고, 우연한 행동을 두고 천재가 아닐까 생각하셨던 우리들의 부모님. 그분들 덕에 우리는 지금 이렇게 특별한 사람으로 성장할 수 있었다.

　반대로 이제부터는 우리가 부모님께 거짓말 섞인 허풍을 떨어 보면 어떨까. 지금까지 우리가 얼마나 많은 모험을 겪으며 특별한 존재로 성장했는지…… 그러면 아마 환하게 웃으시며 처음부터 끝까지 귀 기울여 들어 주실 것이다.

내 시간을

낭비하지

말게!

영화 '인 타임 (In Time)' 中

손목에 인생을 담아서 다닐 수 있다면

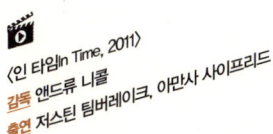

〈인 타임In Time, 2011〉
감독 앤드류 니콜
출연 저스틴 팀버레이크, 아만사 사이프리드

"우물쭈물하다가 내 이럴 줄 알았다."

영국의 극작가 조지 버나드 쇼George Bernard Shaw의 유명한 묘비명이다. 만약 그가 자신의 인생이 얼마만큼 남아 있는지 정확히 알았다면 우물쭈물하지 않고 그 시간들을 잘 활용했을까.

그렇다면 과연 우리에게는 얼마만큼의 우물쭈물할 시간이 남아 있는 것일까?

"내 시간을 낭비하지 말게."

영화 〈인 타임〉은 가까운 미래를 배경으로 하고 있다. 거기서 모든 인간은 손목에 전자시계를 차고 태어난다. 이 시계는 인간이 25세가 되는 순간 작동이 시작되며 시계가 작동하기 시작하면 인간의 노화는 멈춘다. 이때, 손목에 남은 시간이 다 떨어지면 죽게 된다. 즉 여기서는 시간이 돈인 셈이다.

부자 동네에서는 25세의 얼굴로 영원한 삶을 누리는 사람들로 넘쳐나지만, 빈민가에서는 시간을 아끼기 위해 매일 바쁘게 뛰어다녀도 시간이 모자라 죽어 나가는 사람들이 차고 넘친다. 그러던 어느 날, 빈민가에 백 년도 넘는 시간을 지닌 해밀턴이라는 남자가 나타난다. 많은 시간을 가지고 다니는 것은 빈민가에서는 매우 위험한 일이었는데, 주인공 윌은 그런 해밀턴을 위기로부터 구해 준다.

이 대사는 자신을 구해 준 윌에게 자신의 모든 시간을 몰래 주고 자살한 해밀턴이 창문에 써 놓은 메시지다.

이 영화는 벤자민 프랭클린Benjamin Franklin의 명언 '시간은 금이다'를 그대로 보여 준다. 영화에서 시간은 돈처럼 쓰인다. 시간으로 밥을 사 먹고, 버스를 타고, 도박을 즐기기도 한다. 물가는 자꾸만 상승하고, 시간의 가치는 점점 떨어진다. 시간이

없는 사람들은 점점 더 시간이 부족해지고, 시간이 많은 사람들은 점점 더 여유로워진다. 시간이 곧 금이니 잘 활용해야 함은 익히 들어 알고 있었지만, 막상 돈의 가치로 환산해 보니 공포가 느껴진다.

시간은 절대 눈으로 볼 수 없는 가치이지만, 인간만이 그것을 눈으로 볼 수 있게 만들어 옭아매 두었다. 시계를 이용해서 말이다. 이처럼 인간이 무형의 가치를 유형으로 만든 이유는 효율적이고 적극적으로 활용하기 위함이 아니었을까.

그렇다면 우리는 시간을 얼마나 가치 있게 활용하고 있을까? 만약 우리도 영화에서 나온 것처럼 손목에 자신의 남은 인생을 담아서 다닌다면 지금보다 더 열심히 살 수 있지 않을까. 그러면 아마 먹고 자는 시간까지도 아껴 인생을 벌기 위해 고군분투할 것이다.

다행히 우리는 손목에 남은 인생을 담아 가지고 다니지도 않으며 그들보다 더 많은 시간을 소유하고 있다. 단지 종종 망각할 뿐이다. 유한한 나의 삶이 무한할 것이라고, 나는 평생 늙지 않을 것이라고.

하지만 삶은 유한하고 인간은 늙는다. 이때, 자신이 가진 시

간을 효율적이고 행복하게 소비한다면 유한한 삶에 감사하고 나이 듦에 행복을 느낄 것이다.

영화처럼 시간을 돈이라 생각하고 하루하루를 가치 있게 살아가자. 그럼 나의 묘비에 버나드 쇼보다 더 멋진 문구를 새길 수 있을 것이다. 이렇게.

'난 우물쭈물할 틈이 없었다.'

네 머릿속에 든 생각이 워낙 뛰어난 것들이라
공유하지 않으면 큰일 나는 줄 아나본데,
인터넷에 쓴 글은 지울 수 있는 게 아니야.
영원히 남는다고.

영화 '소셜 네트워크 (The Social Network)' 中

스스로에게
새기는
주홍글씨

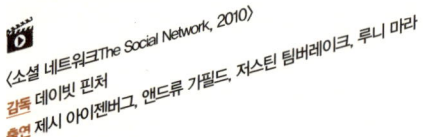

〈소셜 네트워크The Social Network, 2010〉
감독 데이빗 핀처
출연 제시 아이젠버그, 앤드류 가필드, 저스틴 팀버레이크, 루니 마라

〈주홍글씨〉는 미국의 작가 N. 호손Nathaniel Hawthorne의 소설이다. 17세기 청교도들이 개척한 보스턴에서 남편을 기다리던 헤스터는 임신을 하고 아이를 낳게 되는데, 혼외정사로 낳았기에 아이는 사생아가 될 수밖에 없었다. 사람들은 간음의 죄를 지은 헤스터의 가슴에 간통Adultery이라는 의미의 'A'를 평생 달고 살게 했다. 그녀의 가슴에 새겨진 'A'는 죽을 때까지 지워지지 않는 주홍글씨였다.

> "네 머릿속에 든 생각이 워낙 뛰어난 것들이라 공유하지 않으면 큰일 나는 줄 아나 본데, 인터넷에 쓴 글은 지울 수 있는 게 아니야. 영원히 남는다고."

하버드대의 이단아 마크는 컴퓨터에 있어서는 따라올 자가 없을 정도로 뛰어난 천재이다. 문제가 있다면 사회성이 조금 떨어진다는 점이었다. 그는 여자 친구 에리카에게 차이면서도 무엇을 잘못했는지 알지 못했다.

그러다 마크는 에리카를 잊기 위해 관심거리를 찾다가 하버드대 여학생들의 외모를 비교하는 사이트를 만들게 된다. 이를 시작으로 하버드대의 커넥션 사이트를 개설하고, 마침내 페이스북을 만들게 된다. 우리가 잘 알고 있는 그 페이스북을 말이다. 페이스북은 순식간에 전 세계로 뻗어 나갔고, 마크는 최연소 억만장자로 등극하게 된다. 그 덕에 엄청나게 많은 페이스북 친구가 생겼지만, 그의 외로움은 여전했다.

이 대사는 술집에서 우연히 다시 만난 마크의 전 여자 친구 에리카가 그에게 건네는 가시 돋친 말이다.

요즘 시대에는 개인 정보를 제대로 보호받기가 어렵다. 뛰어난 해커들에 의해 신상 정보가 털리기도 하지만, 자발적으로 가상 공간에 자신의 정보를 공개하기도 한다. 어느 학교를 나왔는지, 누구와 연애를 하는지, 심지어 휴대폰 번호와 주소까지도 공개한다.

한번은 이런 일도 있었다. 미국의 대통령 오바마Barack Obama가 연설에서 전 국민이 자신이 현재 어디에서 무엇을 하고 있는지 친절하게 SNS에 올려 준 덕분에 범죄 수사에 많은 도움이 된다고 인사를 한 것이다. 정말이지 그렇다면 매일매일 인터넷에 우리의 정보를 쏟아 내도 괜찮은 것일까.

분명한 것은 한번 새겨진 주홍글씨는 좀처럼 지워지지 않는다는 점이다. 글자 자체는 지울 수 있다고 해도 사람들의 기억 속에 남아 있는 주홍글씨는 절대로 지워지지 않는다. 그럼에도 우리는 매일 인터넷에 자신에게 독이 될지도 모르는 주홍글씨를 새기고 있다. 너무도 쉽고 간편해 이것이 주홍글씨인지조차 모른 채.

물론, 현재 나의 감정을 기록하고 추억을 담아내는 것은 나쁜 일이 아니다. 문제는 도를 지나쳐 사람을 노출증 환자로 만

드는 데 있다.

현재 SNS에 관한 비판의 목소리는 점점 더 높아지고 있다. 근거를 알 수 없는 소문으로 사회적 불안을 가중시키기도 하고, 정치적으로 이용될 수도 있을 뿐더러 타인의 명예를 훼손하는 일은 이제 너무도 흔해졌다.

어쩌면 숱한 정보들 속에서 우리가 원하는 것은 진실이 아닌 흥미를 유발할 만한 수위 높은 가십거리인지도 모르겠다. 그것이 누군가에게는 독이 되고, 상처가 될 수 있음을 무시한 채.

세상에 적이 하나도 없는 사람은 없다. 이때, 나를 싫어하는 누군가가 내가 가진 은밀한 비밀들을 세상에 낱낱이 까발린다면 어떨까. 내가 저지른 실수들, 잘못들을 말이다. 아마 그 속에는 진짜 내가 아닌 모습도 교묘하게 숨겨져서 세상에 드러날 것이다. 이렇게 한 번 세상에 모습을 드러낸 정보들은 다시 지울 수 없다. 에리카의 말처럼 영원히 남아 꼬리표처럼 나를 쫓아다닐 테니까.

당신도 SNS 계정을 갖고 있는가? 그렇다면 오늘 내 몸에 어떤 주홍글씨를 새기고 있었는지 신중하게 한번 생각해 보면 좋겠다.

진짜 실패자는 지는게 두려워서
도전조차 안 하는 사람이야.

영화 '리틀 미스 선샤인 (Little Miss Sunshine)' 中

실패 없이 사랑할 수 있는 이름, 가족

〈미스 리틀 선샤인Little Miss Sunshine, 2006〉
감독 조나단 데이턴, 발레리 페리스
출연 스티브 카렐, 토니 콜렛, 그렉 키니어, 폴 다노, 아비게일 브레스린, 알란 아킨

세상에는 기필코 실패할 수밖에 없는 몇 사람이 있다. 구더기가 무서워 장 못 담그는 사람과 복권 1등에 당첨되게 해 달라고 매일 기도하면서 정작 복권은 사지 않는 사람, 실패가 두려워 도전조차 하지 않는 사람이 그렇다. 분명 이들은 인생에서 실패자가 될 수밖에 없다.

하지만 결코 실패할 수 없는 일도 있다. 바로 가족을 사랑하는 일이다.

"진짜 실패자는 지는 게 두려워서 도전조차 안 하는 사람이야."

미인 대회 우승을 꿈꾸지만 예쁘다기보다는 그저 귀여운 소녀 올리브, 성공하는 방법을 강연하지만 자신의 인생에서는 그다지 성공하지 못한 아빠 리차드, 파일럿을 꿈꾸지만 색맹인 아들 드웨인, 마약을 복용해 양로원에서 쫓겨난 할아버지, 남자 친구에게 실연당하고 자살 시도를 한 삼촌 프랭크, 이들 사이에서 적당한 조정자 역할을 하는 엄마 쉐릴까지. 자세히 보면 어딘가 어울리지 않는 가족이다.

이들 가족은 올리브의 어린이 미인 대회 참석을 위해 다 같이 캘리포니아로 향하게 된다. 그러면서 많은 갈등과 사건을 겪게 되고 마침내 진정한 화해를 경험한다.

이 대사는 올리브가 어린이 미인 대회 전날 아빠가 가장 싫어하는 실패자가 될까 두려워 눈물을 흘리자 할아버지가 건넨 위로의 말이다.

이 영화는 가족의 사랑에 대해 이야기하고 있지만, 가족 구성원들은 사랑과는 거리가 너무도 먼 인물들이다. 이들은 모

두 자신의 삶을 위해 다양한 도전을 한다. 성공의 도전, 꿈을 위한 도전, 승리를 위한 도전 같은 것들 말이다. 그렇게 다양한 도전을 하지만 정작 도전하지 않는 것이 있었다. 바로 가족을 사랑하려는 도전이다.

가족을 선택하여 구성할 수 있다면 좋겠지만, 이 관계는 절대로 선택할 수 없는 운명과도 같다. 그렇기에 늘 사이가 좋을 수만은 없다. 부모님이 싫을 때도 있고, 자식이 미울 때도 있다. 정말 싫고, 밉지만 그럼에도 진짜 싫어하고 미워할 수 없는 아이러니한 관계.

사춘기가 되면 누가 법으로 정해 놓은 것처럼 부모님과 사이가 틀어지고, 말썽 한번 안 피우고 자란 자식은 꼭 결혼할 때 속을 썩이고, 자식들이 무탈하게 잘 크면 부모가 말썽을 일으키기도 한다. 우리 집만 그런 것 같지만, 가만 보면 세상에 문제없는 집은 없다.

이때, 재미있는 것은 그런 상황에서조차 부모는 자식을 위해 희생하고, 자식은 부모에게 최소한의 예의를 지킨다는 점이다. 왜 이들은 서로를 미워하면서도 마음 편히 미워하지 못하는 것일까.

 그것은 그들이 바로 가족이기 때문이다. 가족이기에 미워도 밉지 않고, 싫어도 싫지 않다. 그렇다면 어차피 마음 편히 미워할 수도 없으니 마음껏 사랑해 보는 건 어떨까.

 가끔은 너무 가까운 사이라 이런 노력들이 창피할 때가 있다. 괜히 먼저 뻗은 손이 부끄러워지기도 한다. 영화 속 올리브의 가족이 역시 그랬다. 말만 하면 싸우고 서로의 의견에 반대를 일삼았지만, 그들은 내심 서로를 사랑하고 있었고 그렇기에 캘리포니아로 향할 수 있었다.

 사랑하기에 고장 난 차를 서로 밀고 당기며 시동을 걸었고, 할아버지의 시체를 트렁크에 싣고 달리기도 했으며, 올리브를 지켜 주기 위해 무대 위에 올라 꼴사나운 춤을 추기도 했다. 그들은 이렇게 많은 일을 겪고 나서야 솔직한 마음을 드러내고 진짜 가족이 되었다.

 어쩌면 이들은 상대가 자신의 마음을 받아 주지 않을까 두려워서 먼저 손 내밀 생각을 하지 못했을 수도 있다. 하지만 손을 뻗고 보니 그들도 손을 내밀고 있었고 자신은 그저 잡기만 하면 된다는 것을 깨닫게 된다. 가족이란 그런 존재인 것이다.

 만약 창피함 때문에 가족에게 손을 내밀지 못했다면 지금이

라도 먼저 손을 내밀어 보면 어떨까. 실패가 두려워 도전조차 하지 않는다면 우리는 실패자라는 타이틀도 모자라 두고두고 후회하며 살아야 할지 모른다. 그리고 이것은 절대 실패할 수 없는 일이니 실패에 대한 걱정은 하지 않아도 좋다.

올리브의 할아버지는 약쟁이에 괴짜였지만, 죽기 전에도 그렇고 죽은 후에도 이 가족의 진정한 오른팔이 되어 주었다.

젊은 바보 녀석이 과거 끔찍한 죄를 저질렀어.
그놈과 말하고 싶어. 정신 차리라고.
지금의 현실을 말해 주고 싶어.
하지만 그럴 수 없지.
그 젊은 놈은 오래 전에 사라지고 이 늙은 놈만 남았으니까

영화 '쇼생크 탈출 (The Shawshank Redemption)' 中

누구나 가능한 시간 여행

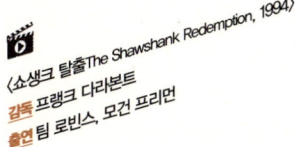
〈쇼생크 탈출 The Shawshank Redemption, 1994〉
감독 프랭크 다라본트
출연 팀 로빈스, 모건 프리먼

    시간 여행을 소재로 한 영화들은 매우 많다. 〈빽 투 더 퓨쳐〉처럼 과거로 돌아가 부모님의 젊은 시절을 바꾼 영화도 있고, 〈말할 수 없는 비밀〉처럼 미래의 남자와 사랑에 빠질 수도 있고, 〈데자뷰〉처럼 범죄를 바로잡을 수도 있다.
    만약 당신에게 시간 여행을 할 수 있는 능력이 생긴다면 과거의 나에게 어떤 이야기를 전하고 싶은가.

"젊은 바보 녀석이 과거 끔찍한 죄를 저질

렀어. 그놈과 말하고 싶어. 정신 차리라고. 지금의 현실을 말해 주고 싶어. 하지만 그럴 수 없지. 그 젊은 놈은 오래 전에 사라지고 이 늙은 놈만 남았으니까."

은행 간부로 남부러울 것 없이 살고 있던 듀프레인. 그는 자신도 모르는 사이에 아내와 아내의 정부를 살해하는 끔찍한 범죄를 저지르게 된다. 이 일로 인해 종신형을 선고받은 그는 쇼생크라는 교도소에 수감된다. 처음에는 교도소 생활에 전혀 적응하지 못했지만, 레드를 비롯한 몇몇 친구들과 그의 회계 능력 덕분에 점점 그 생활에 익숙해진다.

그러던 어느 날, 자신은 살인을 저지른 적이 없으며 누명을 쓰고 복역하게 되었음을 알게 된다. 뒤늦게 알게 된 사실이지만, 그렇다고 이대로 가만히 있을 수는 없었다. 결국, 그는 아무도 탈출하지 못한다는 쇼생크를 탈출하기로 결심한다.

이 대사는 듀프레인처럼 종신형을 선고받고 복역 중인 레드가 가석방 심사를 받을 때 심사위원들에게 하는 말이다.

교도소는 죄를 저지른 사람들에게 일정 시간 동안의 자유를

박탈하여 머물게 하는 곳이다. 이때, 자유를 빼앗긴 사람들은 그곳의 규칙에 따라 반복되는 일과를 보내게 된다. 그러면서 교화가 되기도 하고, 그곳의 생활에 적응하기도 한다.

레드 역시 쇼생크에서 많은 시간을 보낸 사람 중 한 명이었다. 그를 세상에 다시 내보내도 될지 결정해야 했던 가석방 심사 위원들은 그에게 교화가 되었는지 물었다. 이 질문을 받은 그는 자신은 충분히 교화되었으며 새사람이 됐다고 강조하며 심사 위원들이 듣고 싶어 하는 말을 했다. 그럼에도 심사 위원들은 번번이 레드에게 가석방 불가 판정을 내렸다.

그렇게 40년의 시간이 흘렀고, 그는 또 한 번의 가석방 심사대에 오르게 된다. 이때도 심사 위원들은 그에게 같은 질문을 던졌다. 그러자 이번에는 심사 위원들이 듣고 싶어 하는 말이 아닌, 스스로에게 해 주고 싶었던 말을 한다. 과거의 자신에게 '정신 차리라 말하고 싶다'며 진심이 담긴 후회를 전한다.

돌이켜 보면 우리도 지금의 나라면 절대 저지르지 않았을 후회되는 행동들을 한 적이 있다. 만약 시간 여행이 가능하기만 하다면 그때로 돌아가 그 일을 반복하지 않도록 충고해 주고 싶을 것이다.

하지만 안타깝게도 그것은 불가능하다. 시간은 앞으로만 흘러갈 뿐 절대 뒤로 거슬러 올라가지 않으니까.

그렇다고 방법이 아예 없는 것은 아니다. 다른 방식의 시간 여행은 가능하니까. 과거가 아닌 미래로 가는 것 말이다.

지금 당장 미래의 나에게 편지를 써 보자. 1년 뒤의 나에게, 10년 뒤의 나에게, 30년 뒤의 나에게 현재의 소망과 걱정거리를 담아 보내자.

훗날 과거로부터 온 편지를 읽은 나는 편지 속 소망을 이미 이루었다며 미소 지을 수도 있고, 잊고 지낸 과거의 소망을 다시 떠올리며 이루기 위해 노력할 수도 있다.

지금보다 나이 든 미래의 나는 젊은 날의 자신이 쓴 편지를 읽고 그날의 어리석음을 비웃을지도 모르지만, 그보다는 과거의 열정과 용기에 감탄하며 고마움을 느낄 것이다.

우리는 매일매일 미래로 향하는 시간 여행을 하고 있다. 미래의 내가 과거의 나를 돌아보며 정신 차리라는 훈계 대신 고마움을 느낄 수 있도록 오늘을 잘 살아 내는 우리가 되었으면 좋겠다.

기억에 대한 기억

〈러브레터 Love Letter, 1995〉
감독 이와이 슌지
출연 나카야마 미호

요즘은 학교 도서관을 가도 책에 대출 카드가 꽂혀 있지 않다. 모든 책이 전산화되어 있기 때문이다. 전산화가 되기 전까지만 해도 책마다 대출 카드가 꽂혀 있었다. 그러면 거기에 대출자의 이름을 쓰고 책을 빌렸다. 대출 카드를 보면 내가 빌리기 전에 누가 이 책을 읽었는지 알 수 있었다. 이런 풍경은 아날로그 시대에만 느낄 수 있었던 소소한 추억과도 같다. 디지털 시대에는 느낄 수 없는 그런 추억 말이다.

> "제가 모르는 그의 모습입니다. 그래도 그인 것은 틀림없네요. 제가 모르는 그의 세계가 더 많겠죠?"

히로코는 약혼자 이츠키가 죽은 지 2년이나 지났지만, 아직도 그를 잊지 못하고 있다. 이츠키의 추모 2주년 기념식, 히로코는 우연히 발견한 이츠키의 졸업 앨범에서 찾은 주소로 그에게 편지를 쓴다. 그가 받을 수 없음을 알면서도 말이다.

그런데 이때, 놀라운 일이 벌어진다. 바로 이츠키에게서 답장이 온 것이다. 사실, 답장을 보낸 것은 이츠키와 동명이인인 여자 동창생이었다. 히로코는 여자 이츠키와 편지를 주고받으며 자신이 알지 못했던 약혼자 이츠키의 어린 시절에 대해 알아간다.

이 대사는 히로코가 여자 이츠키에게 남기는 편지 중 일부이다.

사랑에 관한 추억 하나쯤은 누구나 가지고 있다. 만약 그 기억이 내가 사랑하는 사람의 첫사랑에 대한 것이라면 어떨까. 재미있을 것 같기도 하고 한편으로는 질투가 날 것 같기도 하고, 동시에 몹시 궁금할 것 같기도 하다. 여기서 히로코는 질투보다는 궁금증이 더 컸던 것 같다.

사실 여자 이츠키는 죽은 이츠키에 대한 아무런 정보도 가지고 있지 않았지만, 많은 기억을 가지고 있었다. 아직도 이츠키를 사랑하는 히로코에게 그 기억은 사진보다 더 소중하고 생동감 있는 이츠키의 흔적이었다. 모두가 히로코에게 이제 그만 이츠키를 잊으라고, 기억에서 지워 버리라고 했지만, 여자 이츠키만은 죽은 이츠키를 잊지 말라고 말해 주는 것 같았다.

우리는 추억을 대부분 사진으로 간직하고 있다. 그 순간을 100퍼센트 사실적으로 기억해 주는 사진이 고마울 때도 있지만, 한편으로는 아쉽기도 하다. 사진을 찍느라 더 생동감 있고 오래 기억될 추억을 놓치고 있었던 것은 아닌지 후회되기도 한다. 가끔은 또렷한 진실보다 조금 흐릿해도 아름다운 추억이 더 고플 때가 있으니 말이다.

이츠키가 다녔던 학교에 다니고 있는 여학생들이 여자 이츠키를 찾아와 도서관 대출 카드를 전해 주었고 거기에는 이츠키가 그린 여자 이츠키의 그림이 있었다. 만약 학교 도서관 책에 대출 카드가 없었다면 그가 그녀를 좋아해 몰래 훔쳐보고 그림으로 그려 놓았다는 사실을 평생 모르고 살았을 것이다. 그러니 그들에게 대출 카드 뒷면의 그림은 사진보다 몇 배는 더 소중한 추억이었다.

우리도 오늘은 사랑하는 사람에게 딱딱한 문자 메시지 말고 삐뚤삐뚤하지만 정성 가득한 손 편지를 써 보면 어떨까. 그렇게 하면 문자 메시지보다 훨씬 더 오래 기억에 남을 추억이 될 것이다.

우리 잡히지 말자.
계속 가는 거야. 가자.

영화 '델마와 루이스 (Thelma & Louise)' 中

여행은
몸으로 하는
독서다

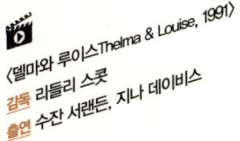

〈델마와 루이스Thelma & Louise, 1991〉
감독 리들리 스콧
출연 수잔 서랜든, 지나 데이비스

    독서를 좋아하는가? 그렇다면 몸으로 하는 독서는 어떤가?
여기서 말하는 몸으로 하는 독서란 여행을 가리킨다. 여행이 좋다는 것은 누구나 다 알고 있지만, 막상 떠나기는 쉽지 않다. 돈도 있어야 하고, 시간도 있어야 하며 무엇보다 현실을 잠시 접어 둘 용기가 필요하다. 그럼에도 돈, 시간, 용기를 내 떠나게 되면 분명 더 많은 것을 얻고 돌아올 것이다.

    혹 우리가 여행을 떠나지 못하는 이유는 여행을 너무 어렵게만 생각하고 있어서는 아닐까? 사실, 여행은 집 문을 나서는

순간부터 시작되는 것인데…….

그러니 지금 당장 하던 일을 멈추고 몸으로 독서를 즐기러 떠나 보자.

"우리 잡히지 말자. 계속 가는 거야. 가자."

남편의 허락 없이는 아무것도 하지 못하는 주부 델마, 이성적이고 매사 정확한 성격의 웨이트리스 루이스. 이 둘은 주말을 즐기러 별장으로 여행을 떠난다.

처음으로 남편의 구속에서 벗어나 자유를 느낀 델마는 좀 더 여행을 즐기고 싶은 마음에 긴장을 풀고 낯선 남자와 함께 춤을 춘다.

하지만 그는 델마를 성폭행하고 이를 본 루이스가 그녀를 구하기 위해 남자를 죽이게 된다. 이 일로 인해 둘은 도망자 신세가 되고, 영원히 끝나지 않을 것 같은 길을 달리고 달려 그랜드 캐니언까지 온 델마와 루이스는 결국 경찰에게 잡힐 위기에 처하고 만다.

이 대사는 경찰을 피해 낭떠러지 끝까지 달려온 루이스에게

델마가 건네는 말이다.

델마와 루이스는 여행 중에 무슨 일이 일어날지 전혀 예상하지 못했다. 살인, 강도, 협박, 도망은 처음부터 계획에 없던 일들이었다.

물론, 이들이 겪었던 일들은 누구도 겪고 싶지 않은 시련이었다. 하지만 분명한 것은 이 여행을 통해 두 사람 모두 성장했다는 점이다. 의존적인 성격의 델마는 주체성을 갖게 되었고, 텍사스에 안 좋은 트라우마가 있었던 루이스는 그것을 극복하게 되었다.

우리는 절대로 델마와 루이스가 겪은 일들을 겪어서는 안 되지만, 이들처럼 여행을 통해 성장을 경험해 볼 필요는 있다.

여행을 떠나면 단 며칠일지라도 현실의 걱정을 잊고 나에게 집중할 수 있는 시간이 생긴다. 좋은 것을 보고, 맛있는 것을 먹으며 느끼는 감정 자체에 집중하다 보면 잊고 지낸 자아를 발견하게 된다.

일상에서는 타인의 눈치를 보느라 정작 자신이 좋아하는 것, 원하는 것이 무엇인지 깨닫지 못할 때가 많다. 이때, 여행을 떠나면 스스로에게 너그러워져 자신이 무엇을 원하는지, 하고 싶

은지 정확히 알게 된다. 델마처럼 말이다.

처음에는 남편에게 혼이 날까 두려워 벌벌 떨며 시작했던 여행이었지만, 여행이 끝나 갈 무렵 델마는 이 여행을 끝내지 말고 계속 이어나가자고 제안한다. 자신이 돌아가고 싶은 곳은 결코 집이 아님을 깨달았기 때문이다.

남편의 강압 속에 얽매인 일상, 자신이 누구인지조차 생각할 수 없던 숨 막힘, 사랑이 무엇인지도 모르는 인생은 델마가 원하던 인생이 아니었다. 여행을 통해 자신을 발견한 그녀는 죽음보다도 못한 현실로 돌아갈 수 없었다. 그랬기에 여행을 계속 이어 나가고 싶어한 것이다.

우리도 이들처럼 잠시 일상에서 벗어나 내가 아닌 '나'를 경험해 볼 필요가 있다. 그 과정에는 책보다 더 많은 지식과 깨달음이 있을 것이다. 그것들을 통해 진짜 나를 발견해 보자.

그럼에도 여행을 떠나기가 너무 어렵다고? 여행은 먼 곳에서 시작되는 것이 아니다. 스스로에게 집중할 수 있는 시간을 가질 수 있는 곳이라면 어디든지 여행지가 될 수 있다.

씬 스틸러의 인생 명대사

초판 1쇄 인쇄 2016년 10월 28일
초판 1쇄 발행 2016년 11월 4일

지은이 강선주 · 김현수
캘리그래피 · 일러스트 이단비

펴낸이 박세현
펴낸곳 팬덤북스

기획위원 김정대 · 김종선 · 김옥림
편집 김종훈 · 이선희
디자인 강진영
영업 전창열

주소 (우)03966 서울시 마포구 성산로 144 교홍빌딩 305호
전화 070-8821-4312 | **팩스** 02-6008-4318
이메일 fandombooks@naver.com
블로그 http://blog.naver.com/fandombooks

등록번호 제25100-2010-154호

ISBN 979-11-86404-75-1 13320